数字力

× **EXCEL**で
最強のビジネスマン
になる本

田中 耕比古 著
Tagahiko Tanaka

SHOEISHA

　「自分は数字が苦手だ」と思っている方は、驚くほどに多いです。とりわけ、営業マンとして圧倒的な成果を残して管理職に抜擢された方や、新商品開発プロジェクトの功績を認められて企画チームを率いることになった方など、非常に高い「現場力」で成果を上げ続けた方が、管理職としての役割を担った瞬間に「自分は数字が苦手だ」と感じてしまうようです。

　そういう方々の多くは、自身の数字力の低さに問題意識を持っていますし、「数字力を高めたい」という意欲も旺盛です。ただ、「何をどう頑張ればよいのかわからない」ということでお困りのようです。そこで本書では「数字への苦手意識」をどうすれば払拭できるのか、ということから解説を始めました。

　本書の前半では、「ビジネスにおける数字」とは、一体何なのかを明らかにしていきます。「数字力がない」とか「数字が苦手」という前に、そもそも「数字って何だ？」ということを明確にしておけば、問題への取り組み方や対処法を決められるからです。そのうえで、その数字をどんな場面でどのように使うことが「仕事における数字力」なのかを考えていきます。

　一方後半では、EXCEL を用いて「数字を作る・操る」作業について解説します。ただし本書の方針として、「難しいことは一切解説しない」「複雑なテクニックも紹介しない」ことを掲げています。とにかく簡単に、シンプルに、最低限の知識で、ビジネスに活かせる数字を作れるようになること、が本書の主眼です。

　ビジネスにおいて数字を使うということは、決して「EXCEL を"超"使いこなしている」ということではありません。重要なことは、数字を使ってビジネス上の結果につなげることです。

　では、こうした本書の位置付けを踏まえたうえで、改めて「本書を読む際の注意事項」を挙げておきます。

本書は EXCEL 本ではない

　本書は、いわゆる「EXCEL 本」ではありません。純粋な EXCEL スキル

を身に付けたい方は、ちまたにあふれるEXCEL本をお買い求めください。

筆者は、「EXCELはただのツールに過ぎない」と考えています。「EXCELをどう使うか」という以前に、「EXCELで何をしたいのか」を明らかにすることのほうが大切です。

本書では、その「目的」「ゴール」を解説しています。

「数字は得意」という人には不要な本

「数字なんて全然難しくない」「むしろ得意だ」という方にも、本書は不要です。ただし「得意」と思っている根拠が、「経理部で毎日数字に触れているから」とか「統計分析に詳しいから」のように、領域が極めて限定的である場合は、本書をパラパラと一読してみて、要否を判断してください。

「コンサルタント嫌い」にはおすすめ

この本は「戦略コンサルタント」が執筆しています。世の中には「コンサルタントなんて信用できない」という方がたくさんいます。そういう方にはむしろおすすめしたいです。コンサルタントは、日々「数字」という切り口を用いて物事を捉え、判断しています。こうしたコンサルタント的なアプローチは、必ずみなさんのお役に立つと思います（そしてコンサルタントという職業に多少の親近感を感じてもらえるとうれしいです）。

若手社員・新入社員はぜひ一読を

若手社員・新入社員の方々もぜひご一読ください。本書はリーダークラスの悩みを解決することに主眼を置いていますが、若手のみなさんもいつかはリーダーになるわけですし、早期に「数字」への理解を深めておくことはキャリア形成においても非常に重要です。鉄は熱いうちに打て、です。

上記注意事項を踏まえ、「読む価値あり」と感じていただいたみなさんは、ぜひ本書を通して「ビジネスの『現場』に活かせる数字力」を身に付け、日々の業務における成果創出に役立てていただきたいと思います。

株式会社ギックス

田中耕比古

CONTENTS

はじめに ・・・ 002

Introduction 外資系コンサルタント流「仕事」と「数字」の考え方 ・・・・・ 009

- 01 ビジネスの現場で「数字」が大事な理由 ・・・・・・・・・・・・・・・・・・・・ 010
- 02 数字を使えば「ビジネスの課題」を解決できる! ・・・・・・・・・・・・・・ 012
- 03 数字が教えてくれるのは「ありのままの姿」 ・・・・・・・・・・・・・・・・・ 018
- 04 数字に対する「拒否感」をなくす方法 ・・・・・・・・・・・・・・・・・・・・・・ 020

第1部 ビジネス数字力養成 編

第1章 ビジネスにおける「数字感覚」とは? ・・・・・・・・・・ 023

- 01 あなたがコントロールできる数字は何? ・・・・・・・・・・・・・・・・・・・・ 024
- 02 自分がコントロールできる数字を見極めるには? ・・・・・・・・・・・・ 027
- 03 「何を、誰が、誰に、いつ」で数字を見てみよう! ・・・・・・・・・・・・ 029
- 04 数字は「地図」に似ている? ・・・・・・・・・・・・・・・・・・・・・・・・・・・・・ 034
- 05 数字を「共通言語」として使うために ・・・・・・・・・・・・・・・・・・・・・ 037
- 06 「勘・経験・嗅覚」は主観である! ・・・・・・・・・・・・・・・・・・・・・・・ 040
- 07 「数字」は客観である! ・・・・・・・・・・・・・・・・・・・・・・・・・・・・・・・ 044
- 08 「主観」と「客観」の組み合わせが大事! ・・・・・・・・・・・・・・・・・・・ 047

第2章 正しい数字の見方・接し方 ・・・・・・・・・・・・・・・・・・・・・ 055

- 01 数字は「何かに気付く」ために見る! ・・・・・・・・・・・・・・・・・・・・・ 056
- 02 「似ている(違う)」はずのものを比べると「気付き」につながる! ・・ 066
- 03 比較は「引き算」と「割り算」で行うべし! ・・・・・・・・・・・・・・・・・ 071
- 04 グラフは「棒グラフ」と「折れ線グラフ」だけ覚えればOK! ・・・ 077
- 05 棒グラフ&折れ線グラフを使いこなせ! ・・・・・・・・・・・・・・・・・・・ 081
- 06 「なぜ?」を突き詰めて「仮説」を立てよう! ・・・・・・・・・・・・・・・・ 088
- 07 「仮説」を数字で検証しよう! ・・・・・・・・・・・・・・・・・・・・・・・・・・ 092
- 08 「比較しやすい表」と「比較しにくい表」の差は? ・・・・・・・・・・・・ 098

第3章 「数字」を仕事に活かそう! ······ 105

- 01 成果につながらない「数字遊び」はやめよう! ······ 106
- 02 「結果」と「成果」は別物! ······ 111
- 03 成果を目指すなら「アクション」を決めるべし! ······ 114
- 04 ケーススタディで考えてみよう! ······ 121
- 05 数字を「作る力」と「読む力」、どちらが重要? ······ 129

第2部 ✕ 数字を操るEXCEL実務編

第4章 EXCELで数字を操る前に知っておきたいこと ······ 133

- 01 EXCELは「万能すぎる」ツールだ! ······ 134
- 02 EXCELは忠実で有能な部下! ······ 139
- 03 EXCEL活用のルール① EXCELをデータベースのように使おう! ······ 142
- 04 EXCEL活用のルール② 「計算」と「手入力削減」を任せよう! ······ 145
- 05 EXCEL活用のルール③ 表を「データ構造」で理解しよう! ······ 148

第5章 数字を自在に操るEXCEL操作術 ······ 153

- 01 基礎編 EXCELでミスのない計算をする方法 ······ 154

  [四則演算]
  - セルの中で計算する ······ 154
  - 他のセルを参照して計算する ······ 155
  - もっと便利な計算方法(SUM) ······ 156

- 02 基礎編 無駄な手入力を減らす方法 ······ 157

  [自動入力(オートフィル)]
  - 自動で「連番」を入力する ······ 157
  - 自動で「日付」を入力する ······ 157
  - 自動で「曜日」を入力する(ちょっと便利に) ······ 158

  [セルの情報の再利用]
  - 他のセルを参照する ······ 158

CONTENTS

　数字（文字列）をコピーする ……………………………………………… 160
　計算式をコピーする ……………………………………………………… 160
　計算結果をコピーする …………………………………………………… 161
　絶対参照でコピーする …………………………………………………… 162
　数式に絶対参照（行だけ・列だけ）を使う …………………………… 164
　[移動や選択の手間を省く]
　移動しながら選択する（Shift＋矢印） ………………………………… 165
　一気に移動する（Ctrl＋矢印） ………………………………………… 165
　一気に選択する（Shift＋Ctrl＋矢印） ………………………………… 166
　表をまとめて選択する（Ctrl＋A） ……………………………………… 167
　選択範囲を一瞬で消す（Delete） ……………………………………… 167
　クリックなしでセルの中身を編集する（F2） ………………………… 167

03　基礎編　最低限の見栄えを整える方法
　[列や行の幅をそろえる]
　ダブルクリックで幅をそろえる ………………………………………… 169
　手動（ドラッグ）で幅を微調整する …………………………………… 169
　[リボンのボタンを活用する]
　数字をコンマ区切りにする ……………………………………………… 170
　数字をパーセント表示にする …………………………………………… 170
　小数点以下の桁数をそろえる …………………………………………… 170
　ウィンドウ枠を固定する ………………………………………………… 172

04　基礎編　関数を使ってみよう！
　[すべてを足し合わせる（SUM）]
　指定したセルをすべて足す（SUM＋コンマ） ………………………… 175
　指定した範囲をすべて足す（SUM＋コロン） ………………………… 175
　[条件で絞り込んで足し合わせる（SUMIF）]
　足し合わせるセルそのものの値で絞り込んで足す …………………… 178
　他のセルを参照しながら絞り込んで足す ……………………………… 178
　条件指定を「外出し」にする …………………………………………… 179
　[複数の条件で絞り込んで足し合わせる（SUMIFS）]
　複数の条件で絞り込んで足す …………………………………………… 182
　複数の条件指定を「外出し」にする …………………………………… 183

［すべてを数える(COUNT)］
「数字」が入力されているセルを数える(COUNT) ……………… 184
「何か」が入力されているセルを数える(COUNTA) ……………… 184

［条件で絞り込んで数える(COUNTIF)］
自分自身の値で絞り込んで数える(不等式) ……………………… 186
自分自身の値で絞り込んで数える(文字列) ……………………… 186
自分自身の値で絞り込んで数える(文字列／条件外出し) ……… 187

［複数の条件で絞り込んで数える(COUNTIFS)］
複数の条件で絞り込んで、その数を数える ……………………… 188
複数の条件を外出しにして絞り込んで、その数を数える ……… 189

［平均を求める(AVERAGE)］
平均を計算する ……………………………………………………… 190

05 実践編 ケーススタディの数字を作ってみよう! …………… 192

INDEX ……………………………………………………………………… 223

ケーススタディのサンプルについて

本書の第3章および第5章では「ケーススタディ」を行いますが、ここに登場するEXCELファイルを、以下のURLから無料でダウンロードできます。学習の参考資料としてご利用ください。

サンプルダウンロードページ

URL http://www.shoeisha.co.jp/book/download

本書内容に関するお問い合わせについて

このたびは翔泳社の書籍をお買い上げいただき、誠にありがとうございます。弊社では、読者の皆様からのお問い合わせに適切に対応させていただくため、以下のガイドラインへのご協力をお願い致しております。下記項目をお読みいただき、手順に従ってお問い合わせください。

●ご質問される前に

弊社Webサイトの「正誤表」をご参照ください。これまでに判明した正誤や追加情報を掲載しています。

正誤表　http://www.shoeisha.co.jp/book/errata/

●ご質問方法

弊社Webサイトの「刊行物Q&A」をご利用ください。

刊行物Q&A　http://www.shoeisha.co.jp/book/qa/

インターネットをご利用でない場合は、FAXまたは郵便にて、下記"翔泳社 愛読者サービスセンター"までお問い合わせください。
電話でのご質問は、お受けしておりません。

●回答について

回答は、ご質問いただいた手段によってご返事申し上げます。ご質問の内容によっては、回答に数日ないしはそれ以上の期間を要する場合があります。

●ご質問に際してのご注意

本書の対象を越えるもの、記述個所を特定されないもの、また読者固有の環境に起因するご質問等にはお答えできませんので、予めご了承ください。

●郵便物送付先およびFAX番号

送付先住所　〒160-0006　東京都新宿区舟町5
FAX番号　　03-5362-3818
宛先　　　　（株）翔泳社 愛読者サービスセンター

※本書に記載されたURL等は予告なく変更される場合があります。
※本書の出版にあたっては正確な記述につとめましたが、著者や出版社などのいずれも、本書の内容に対してなんらかの保証をするものではなく、内容やサンプルに基づくいかなる運用結果に関してもいっさいの責任を負いません。
※本書に記載された内容はすべて著者の個人的な見解に基づいたものであり、特定の機関、組織、グループの意見を反映したものではありません。また、本書に掲載されている情報の利用によっていかなる損害が発生したとしても、著者ならびに出版社は責任を負いません。
※本書に記載されている会社名、製品名はそれぞれ各社の商標および登録商標です。

Introduction

外資系コンサルタント流
「仕事」と「数字」の考え方

そもそもビジネスにおいて、
なぜ「数字」が大事なのでしょうか。
数字に強くなると、どのようなメリットがあるのでしょうか。
コンサルタントが実践している「数字との付き合い方」を紹介しつつ、
これらの疑問を解決しておきましょう。

ビジネスの現場で「数字」が大事な理由

まずは「数字が苦手」という思い込みをなくそう

　最初に、「なぜビジネスマンにとって数字が大切なのか」を考えてみましょう。答えは簡単です。**数字**は、**ビジネスとは切っても切り離せないものだからです**。その意味で、「数字が苦手」という人は「ビジネスが苦手」といっているようなものです。

　その一方で、「優秀な営業マン」や「優秀な企画担当者」「優秀なマーケッター」など、個々の業務において非常に優れた力量を持っているにもかかわらず、「数字を見るのだけは苦手」という人は少なくありません。

　一体、なぜこれほど「数字が苦手」と感じる人が多いのでしょう。その大きな理由は、「自分は数字が苦手なのだ」という思い込みに起因します。

　そう、「数字が苦手」というのは「思い込み」なのです。

　数字との賢い付き合い方は、追々解説していきます。しかし、**まずは「自分は数字が苦手である」という思い込みを捨てることから始めてください**。それが、数字嫌いを克服する最初の一歩です。

数字はビジネスを「可視化」する

　「数字力がない」とか「数字が苦手」と感じている人は、そうやって嘆く前に、そもそも「ビジネスにおいてなぜ数字が大事なのか」「数字力が身に付くと、どんなメリットがあるのか」を考えてみてください。そうすることで、「数字嫌い」を克服するヒントが見えてきます。

　そもそも、「数字が苦手」というのは、非常にもったいない状況です。**実際に自分が日々触れている「ビジネスの現場」を、「数字」に置き換えて捉えることができれば、ビジネスにおける視野は一気に広がるからです**。

　「ビジネスの現場を『数字』に置き換えて捉えられるようになる」…これは、数字に強くなることで得られる大きなメリットの1つです。

　数字でビジネスを捉えられるようになると、現場を離れても、現場のことが

手に取るようにわかるようになります。例えば、現場の販売員や店長が「エリアマネジャー」に昇格した場合、自分が担当していた売場や店舗の状況を、細かく見ることは難しくなります。こうして「現場から離れていく」につれて、自分の肌感覚が薄れていくことに危機感を覚える人は大勢います。しかし、「数字」と「ビジネス」を紐付けて捉えられるようになれば、現場との距離が開いても、現場の状況が手に取るように把握できるようになります（図0-1）。

このことは、「数字によってビジネスを『可視化』できる」といい換えることができます。数字は、ビジネスの状態・状況をつまびらかに示してくれます。つまり、数字を用いることで、**ビジネス上の問題の所在を明らかにし、その原因を突き止め、対処策を考えることができるようになるのです**。もちろん、その対処法を実行した後に、どういう結果につながったのかをチェックするためにも数字は必要です。

このように、ビジネスを遂行するうえで「数字」は不可欠な存在ですし、数字を上手に扱えるようになることで、様々なメリットを享受できるのです。

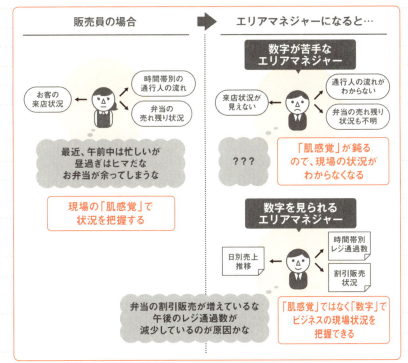

図0-1：「数字」はビジネスを可視化する

数字を使えば「ビジネスの課題」を解決できる！

私たちは「数字」に囲まれて仕事をしている

「数字は、ビジネスとは切っても切り離せない」ものであると説明しましたが、**実際に私たちは、普段から「数字」に囲まれて仕事をしています。**

例えば営業マンであれば、自分の売上を日々把握していますよね。「今月の目標に対して現在の進捗がどれくらいなのか」「四半期単位、半年単位、1年単位ではどうか」「この先どれくらいの案件候補があり、どのくらいの売上を積み上げられそうか」などを把握していることでしょう。これらを「何となく」で済ませる人はいません。確たる数字に基づいて「目標達成のために、これから先、いつまでに、何をどれくらい頑張らないといけないのか」を考えなければならないからです。

あるいは、店舗の売場担当者は、「どれくらい仕入れて、どれくらい売れたのか」を常に考えているはずです。「売れ残った商品を、いくら値引きしていくつ販売したのか」「売れ残って廃棄してしまった商品はどのくらいあるのか」など、これも「何となく」では困りますよね。

もちろん、このような売上に直結する数字だけでなく、例えば「アルバイトスタッフのシフト計画」を立てる際にも、数字が必要です。

どの時間帯に何人のスタッフが必要なのか考えるならば、その時間帯の「忙しさ」、すなわち、「発生する作業内容と作業量」を把握しておく必要があります。そのためのインプットは、「売上」という最終結果だけでよいとは限りません。飲食店であれば注文数とそれに必要な提供時間、小売業であればレジ通過数と販売数量をチェックするでしょう。そして、料理を作るキッチンと配膳するホールの負荷量、あるいはレジ打ち担当と品出し・陳列担当の負荷量などの中間指標についても考えていくことが求められるはずです。

いかがでしょう。普段何気なく行っている仕事であっても、「数字」と密接な関わりがあることがわかると思います。

このように、ビジネスに携わる以上は、数字に触れずに過ごすことなどできません。

だからこそ、数字を使ってビジネスの状況を「可視化」し、数字ベースでビジネスを捉えることが大切になるのです。

コンサルタントが「数字」を重視する理由

「数字を使ってビジネスを捉える」という考え方は、コンサルタントの仕事術の基本中の基本として、コンサルティングファームに入社するや否や叩き込まれます。

コンサルタントがよく使う言葉の1つに「それはファクトなの？」というものがあります。「ファクト」とは、英単語の「Fact」のことで、日本語で「事実」という意味です。「それはファクトなの？」という問いを平たくいえば、「それは『思い込み』ではなく『事実』なんだよね？」ということです。

もう少し数字っぽい言い方をすれば**「その発言は、『正しい』と証明できるだけの『数字』を伴っているのか？」**ということになります。

コンサルタントは、常に数字に基づいて考える人種であり、どんなときでも「それは数字によって証明されているファクトなのか」を意識しています。

では、コンサルタントはなぜ「数字」にこだわるのでしょうか。

答えは簡単です。**「クライアントを納得させるためには、数字が必要だから」**です。例えば、みなさんがコンサルタントを雇ったとします。その際、「商品Xは販売中止にして、商品Yに注力しましょう」とか「○○店は閉店してしまいましょう」などといわれたら、どう思うでしょうか。「なぜそうしたほうがよいのか」という理由を問いますよね。

当然ながら、「何となく商品Yのほうが売れそうな気がするから」とか「○○店を閉店したほうが、経営が上向きそうだから」などといわれても、納得するわけがありません。

つまりコンサルタントが何か提案をする際には、必ず「数字」を用いて、「客観的に納得できるだけの説明」を行うことが求められるのです（図0-2）。

顧客の意に沿わない提案や報告をしなければ場合も往々にしてありますが、そんな場合にも、数字によって裏付けされた事実（ファクト）をしっかりと持つことで、コンサルタントは自らが正しいと信じる主張を行うことができ、顧客を納得させられるのです。

図 0-2:「数字」があれば他者を説得できる

問題解決のためには「数字」が必要不可欠

　仕事をこなしていると、大なり小なり、何らかの問題に直面するものです。しかし「目の前の仕事を片付ける」ことに注力してしまい、問題の抜本的な解決に取り組まないままに仕事が進むケースが少なくありません。

　日々の業務はもちろん重要ですが、**その中に埋もれている問題に対処していくことが、より大きな成果を生み出すことにつながります。**

　そしてコンサルタントの仕事の大半は、この「問題を解決すること」にあります。常識に囚われず、「解決すべき問題」を明確にし、どのようにしてそれを解決していくのかを考えるのが、コンサルタントの仕事です。

　そして、「問題の解決」にも、数字は必要不可欠な要素です。ここでは「問題の解決」に向けたアプローチを、数字の関係とともに解説します。そのことで、ビジネスにおける「数字」の重要性を再認識してもらいたいからです。

「答えるべき問い」を定義しよう

　一般的に、問題解決は「①問題の定義」→「②解決方法の検討」→「③解決方法の実行」という3つのSTEPで構成されています（図 0-3）。

　この中で、最も重要なのが、①の「問題の定義」です。

　学校のテストを思い浮かべてください。解答欄に何かを書こうと思うなら、その前に「設問は何か」を見なければなりませんよね。コンサルタントが、いわゆる一般の事業会社のビジネスマンと大きく異なると思われるのは、**「自ら問題を定義することに力を注ぐ」**という姿勢にあります。いい換えれば、コンサルタントはどんな作業に取り組む際にも**「今、自分はどんな問題を解くためにそ**

図0-3：問題解決の3つのSTEP

図0-4：「最初に決めた問題」を忘れない

の作業を行っているのか」を問い続けているのです。

この、最初に決めた問題のことを**「答えるべき問い」**と呼びます。若手社員は「次に何をすればよいのかわからない」と悩んだり、「上司や顧客に求められたものと、まったく違う資料を作ってしまった」などという失敗談があったりしますが、その原因は、日々の作業に没頭するあまり**「答えるべき問い」**を忘れ、**「自分は、何のために作業しているのか」**を見失ってしまっていることにあります（図0-4）。

ここでいう「答えるべき問い」とは、例えば次のようなものです。

● 売上を3年後に1.5倍にするためには、どうすればよいか
● 新ブランドのシェアを1年後に15%にするためには、何が必要か
● 顧客満足度を上げるためには、店頭の陳列をどのようにすべきか

これらの問いに対して、売上が1.2倍にしかならない打ち手だけを延々と考えたり、新ブランドの市場浸透に5年かかるようなプランで推し進めたり、顧客満足度向上につながらない店頭施策ばかり列挙したりするのは、「問いに答えていない」という状態です。みなさん、思いあたるフシはありませんか？

「答えるべき問い」を導き出すために

また、問いに答えるだけでなく、役職が上がれば、自分自身で「答えるべき

問い」を設定することが求められるようになります。「答えるべき問い」を見極めるためには、どういうことを考えないといけないのでしょうか。
　前述の問いも踏まえて例を挙げてみましょう。

- **売上を拡大したいのか、利益率の向上を目指したいのか**
- **既存商品を拡販したいのか、新しい商品ブランドを立ち上げたいのか**
- **欠品を減らしたいのか、在庫を減らしたいのか**

　このような、二律背反するものの「どちらかを選ぶ」という判断が、問いを決める際の代表的な意思決定ポイントとなります。もちろんその選択肢の両方を同時に満たせればベストなのでしょうが、**「もし、どちらか一方しか選べないとしたら、自分はどちらを選ぶのか」を明確に決めること**が、「答えるべき問い」を決めるということです。

困ったときの判断基準は「数字」

　こういう二律背反した選択肢、両立しにくい選択肢のどちらか一方を選ぶことは簡単ではありません。こういう場合のコツは、まず「『理想』と『現状』のギャップを見極めること」です。具体的な手順を3つのSTEPで見ていきます（図0-5）。

問題解決 STEP ❶ 「理想」の姿を考える

　まず、「理想」の姿を考えます。理想の姿の考え方にはいろいろなやり方がありますが、一番わかりやすいのは、具体的な比較対象をイメージすることです。例えば、「どこそこにある競合店のようになりたい」とか、「お隣の○○営業部のようになりたい」という具合です。

問題解決 STEP ❷ 理想と現実の「ギャップ」を洗い出す

　理想の姿を考えたら、次に、現状と理想のギャップ、すなわち「違い」を洗い出します。自分の店と競合店は何が違うのか。自分の部署と○○営業部は何が違うのか。
　理想像として目指すくらいですから、きっと売上が大きく異なるのでしょう。利益率や、その結果生じる利益額も違うのかもしれません。店舗の場合なら、来店客数や働いている店員の数も違うでしょうし、ひょっとすると店員の離職率なんかも違うのかもしれませんね。営業部門であれば、「営業マン1人あた

りの売上が違う」「1人あたりの新規顧客開拓数が違う」「長期契約の大口顧客の数が違う」などということもありそうな話です。

問題解決 STEP ❸ ギャップの中で「最も重要なもの」を見極める

理想の姿を考え、現状と理想のギャップを洗い出したら、最後にそれらのギャップの中で、**「理想の姿を目指すにあたって、一番大きく重要な『差異』はどれなのか」**を考えてみます。これにより、何が「答えるべき問いなのか」が見えてくるはずです。

目指していた対象のことを「理想」だと思っていたのはなぜなのか。理想と現実とのギャップの中で、最も大きなポイントは何なのか。それを突き詰めていくと、「最も優先的に解決すべき問題は何か」が見えてきます。これが「問題を定義する」ということです。

こうすれば、例えば理想の姿と現実の最も大きな違いが「1人あたりの新規顧客開拓数が大きく違う」ことだったのに、「営業マンを大幅に増員する」などといった見当違いの解決策を導いてしまうことがなくなるわけです。

3つのSTEPを考える際に、ビジネスにおける「数字」が出てきました。今回の例だけでも、「売上」「利益率」「利益額」「来店客数」「店員数」「離職率」「1人あたり売上」「1人あたり新規顧客開拓数」「大口顧客数」などの要素が出ていましたね。こういった「数字」をしっかりと扱う能力がなければ、「答えるべき問い」を設定できません。そして、問いが設定できない以上、当然ながらその問いに答えて、ビジネスにおける問題を解決するには至りません。つまり、「ビジネスの問題解決」を行ううえで、やはり「数字」は不可欠なものなのです。

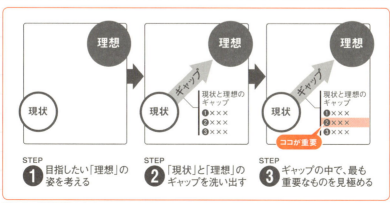

図 0-5：問題解決のための 3 つの STEP

数字が教えてくれるのは「ありのままの姿」

項目を「構造化」+「分解」して考える

　問題解決のための3つのSTEPを紹介しましたが、このように数字を用いることで、ビジネスの全体像を把握することができ、**さらに「ビジネスを構成する様々な要素の中で重要なものが何なのか」を判断することができるようになります。**

　コンサルティング業務でも、同じようなアプローチを取っています。例えば、ある企業に「コスト削減」のプロジェクトを依頼されたとき、コンサルタントが最初に取り組むのが「コスト費目の分解」です。仮に間接費であれば「人件費」「広告宣伝費」「業務委託費」「接待交際費」などに分解する、といった具合です。そして、「どの費目を下げると一番インパクトが大きいか」を考えます。例えば、費目を分解した結果、「接待交際費が2千万円」で、「広告宣伝費が1億円」だったとします。この場合、「接待交際費を半分にする」のと「広告宣伝費を1割削る」のが同じインパクトである、つまり1千万円の削減効果があることがわかりますよね。どちらを削るべきかは企業の状況によって違いますし、「両方削る」という判断もありえますが、重要なことは「広告宣伝費を1割削ること」と「接待交際費を半分にすること」がもたらす削減効果が「同じである（=1千万円の削減）」と把握することにあります。

　同じ1千万円の削減でも、その費目の「1割」を削るのと「5割」を削るのとでは、その難しさが異なりますよね。**このように、コスト費目を分解することで、その企業にとって最適なコスト削減策を見出しやすくなるのです**（図0-6）。

　別の例も考えてみましょう。「ショッピングセンターの業績改善に取り組みたい」という依頼を受けた場合、コンサルタントは最初に「売上」を分解します。分解する単位は、「店舗別」「カテゴリ別」「フロア別」「店内エリア別」などです。顧客を会員カードなどで管理している場合には、顧客の性・年代や居住エリア、さらには来店頻度・購買金額などの「属性」でも売上を分解します。

　この作業を行うことで、「事業の全体像」を明らかにできます。例えば、「どの店でたくさん買われているのか」「どういうカテゴリの商品がたくさん買われているのか」などを把握できるのです（図0-7）。

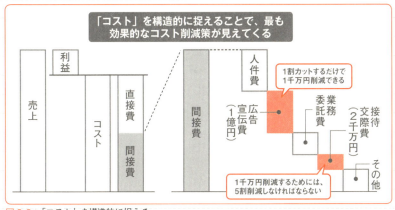

図0-6：「コスト」を構造的に捉える

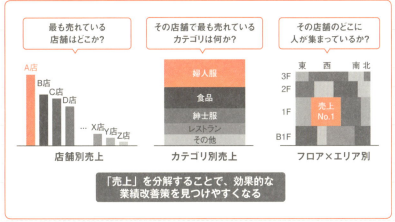

図0-7：「売上」を分解する

　他にも、「カテゴリ別の売上」からは、そのショッピングセンターに来る顧客の目的が婦人服なのか紳士服なのか、食品なのか書籍なのかといったことが読み解けます。あるいは「フロアや店内エリア単位で集計した売上」は、疑似的に人の流れを示していると考えられるので、顧客の「居住エリア別」に分解すれば、どういうエリアに住んでいる人がたくさん来ているのかもわかりますよね。「居住エリア」と「購入カテゴリ」を組み合わせれば、どのエリアの人は、何を目的に来店しているかが見えてくるわけです。

　数字は、主観を排した「ありのままの姿」を見せてくれます。こういう視点でビジネス全体を俯瞰し、重要なものは何かを「数字」の視点で捉えることが、その企業の課題を洗い出し、解決することにつながるのです。

数字に対する「拒否感」をなくす方法

　コンサルタントの思考様式としてよく用いられるのが「仮説思考」です。仮説というのは「仮の答え」です。もう少し柔らかく表現すると「きっと、こうなんじゃないかな」「ひょっとしたら、こんな感じかな」というように想像することです。この「仮の答え」が合っているかどうかを検証するというアプローチで考えたほうが、何も前提を置かずに考えるよりも、正解に早くたどり着けます。**検証してみて、仮説が間違っていることがわかった場合には、どの部分がどのように間違っていたのかを考えることができるからです。**そうすることで、次は「より精度の高い仮説」を立てられることができます。このプロセスを数回繰り返せば、いち早く正しい答えにたどり着くというわけです。

　この仮説思考（仮説構築・検証プロセス）も、数字がないと始まりません。**特に「仮説を検証する」という場合には、必ず数字が求められます。**

　例えば、ある製品の売上が下がっている理由を考えた場合に、「競合製品にシェアを奪われている」という仮説を立てたとします。その仮説を検証しようとすると「自社製品の売上推移」「競合製品の売上推移」の2つの数字を見ないことには、正しい仮説なのかどうか判断できませんよね。もし数字を検証した結果、「自社製品も競合製品もそろって売上を落としていた」としたら、最初の仮説は間違っていた、すなわち「解決すべき問題（つまり、答えるべき問い）」は、競合とのシェア争いへの勝ち方ではなかった、ということになります。

　このように仮説思考も「数字」があってのものですし、**実際コンサルタントは、数字を用いて仮説と検証を繰り返しつつ、問題解決の道筋を考えています。**

　そして、これまで述べてきたような、数字を使ってビジネスを把握し、数字を使って考えていくための最初の1歩は、冒頭に述べた「数字に対する苦手意識」、いい換えれば、「数字に対する拒否感」をなくすことです。

拒否感をなくすには「数字を触る」のが一番

　数字に対する拒否感を解消する最も効果的な対策は、「数字を触ること」です。どんな仕事の技術も、そうやって身に付けるものですよね。接客や電話応対が

苦手な人でも、毎日お客さんと接しているうちに、自然と適切な対応ができるようになるはずです。**数字も同じです。**もちろん基礎的な知識や、真剣に取り組む意欲は求められますが、毎日その業務に触れてさえいれば、拒否感はおのずとなくなっていきます（図0-8）。

また、これも重要な点ですが、日常的に数字を触っていると**「どの数字が、何と何を組み合わせて出来上がっているのか」**を把握できるようになります。そういう数字の成り立ちがわかれば、自分が日々携わっている業務がどの数字にどういった影響を与えているのかを、感覚として身に付けることができるのです。

もう1つ、数字に対する拒否感をなくすコツを紹介しておきましょう。接客のコツが「笑顔や愛嬌」だとすると、**数字に慣れるコツは「見る」と「作る」のバランスを取ることです**（図0-9）。

数字を「見る」とは、売上や利益などを集計した表やグラフをしっかりと見

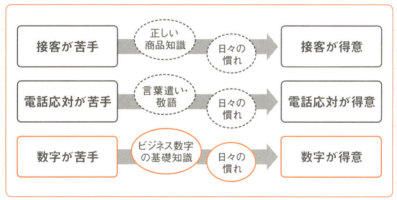

図0-8：「数字が苦手」の克服方法は数字に触ること

図0-9：数字を「見る」「作る」

ることを意味します。一方「数字を作る」とは、それらの表やグラフを自分で作り上げることを指します。

EXCELを使って、数字に触れる機会を増やそう

　この「数字を触る＝数字を見る・作る」作業に最も適したツールが、本書のもう1つのテーマであるEXCELです。EXCELは数字を扱うことに関しては、非常によくできたツールです。

　数字を見る場合は実際のビジネスと関連付けて理解することが望ましいのですが、**その際に極力EXCELを使うように心がけると、理解が深まります**。WordやPDFなどのファイル形式で数字を眺めているだけでは、本当に見るだけで終わってしまいます（印刷したものしか見ない、というやり方は論外です）。

　一方EXCELであれば、画面上には表示されていない小数点以下の数字を必要に応じてチェックしたり、複数の数字を組み合わせて計算したりすることが可能ですよね。本当の意味で数字を「見る」ためには、EXCELが最適なのです。

　同じように数字を「作る」場合も、EXCELは最適なツールです。「数字を作る」というと「EXCEL関数」を連想する人もいるかもしれませんが、**EXCELで数字を作るために、「EXCEL関数」を何十個も覚える必要はありません**。正直な話、主要どころを5、6個ほど知っていれば、やりたいことの大半は実現できます。

　数字に対しての苦手意識と同様に、EXCELに苦手意識を持っている人も多いですが、それは「いろいろな関数を覚えなければ」「複雑な操作を覚えなければ」という強迫観念があるからかもしれません。しかし、**無理に背伸びして難しいことをやろうとしなくても大丈夫です**。まずは人任せにせずに自分でEXCELを触り、自らが必要とする数字を作ってみてください。単に「見る」という目的で取り扱っていた数字に対して、もう少し自分が知りたいなと思うことに応じて、足し合わせたり、その比率や割合を計算したりするところから始めることをおすすめします。

　本書では、ビジネス数字を取り扱うためのEXCEL操作についても解説していきますが、操作そのものは非常にシンプルなものだけに留めています。「EXCELが苦手」という方であっても、ストレスなくEXCEL実務が行えるようになるはずですので、ぜひトライしてみてください。

第1部 ビジネス数字養成 編

第1章

ビジネスにおける「数字感覚」とは？

ビジネスの現場は、様々な「数字」にあふれています。
数字を上手に活用し、仕事に活かすには、
正しい「数字感覚」を身に付けなければいけません。
ここでは、数字感覚を身に付けるために押さえておくべき
基本姿勢を紹介しましょう。

あなたがコントロールできる数字は何？

「数字」といってもいろいろある

ビジネスにおける「数字」と聞いて、みなさんは、どのようなものを思い浮かべますか？

「売上」や「コスト」を思い浮かべる人もいるでしょうし、会社の決算書（損益計算書や貸借対照表）を思い浮かべる人もいるかもしれません。

それらはどれも正解ですが、それだけでは不十分でもあります。

多くの人は、自らが普段接している「数字」のことを思い浮かべがちですが、会社および事業を構成する数字は、それだけではありません。会社が営業部だけ、経理部だけ、製造部門だけでは成り立たないのと同様に、**「自分の業務に馴染みのある数字」だけを見ていては、全体を捉えるには不十分です。**

ビジネスにおいてどんな数字があるのかは、ビジネスを「構造」で考えると見えてきます。

そもそも、ビジネスで最も重視されるべき指標は「利益」です。この「利益」という数字を「構造」で考えるとどうなるでしょうか。

売上を「構造」で捉える

利益を「構造」で考える場合、最初に思いつくのは「利益＝『売上－コスト』」という構造でしょう。売上からコストを差し引いて、残ったものが利益です。非常にシンプルな構造ですね。

では、さらに「売上」の構造を考えてください。

業種によって多少の違いはあるでしょうが、「販売単価×販売数量」という考え方が一般的です。

このうち、「販売単価」は、「定価－割引額」と考えることができますし、「販売数量」は「1人あたり販売数×購入客数」と考えることができます。さらに、「購入客数」は「来店客数×購入率」という構造になっています（図1-1）。

いかがでしょう。一口に「売上」といっても、その構造を考えることで、様々

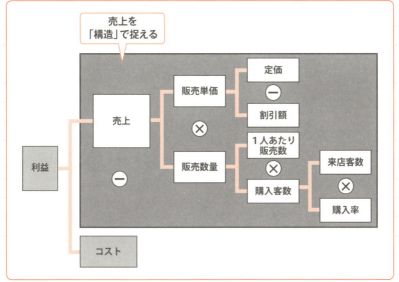

図1-1:「売上」の「構造」を考える

なことが見えてくるはずです（ここでは「売上」で考えましたが、例えば「コスト」についても、同様のアプローチができます）。

また、こうして数字を「構造」で捉えてみると、ビジネスというのは様々な「数字」が組み合わさってできているものであることが、よくわかるのではないでしょうか。

自分で「コントロールできる」数字は何か

数字を「構造」で捉えたら、次にぜひ考えてほしいのは、**その数字の構造の中で、「自分がコントロールできる数字はどれなのか」**ということです。

例えば、あなたがスーパーのお菓子売場の担当者だったとします。売場担当者は、お菓子の「定価」を決めることはできませんよね。定価はお菓子メーカーが決めるのが一般的です。

また、「お客様が自分のスーパーに来るのか、近くのコンビニに行ってしまうのか」という来店行動、つまり「来店客数（店舗を訪れるお客様の数）」も、売場担当者がコントロールするのは難しい領域でしょう。

では、売場担当者がコントロールできるのは何かといえば、「商品の割引額」や、「販売数量」を構成する「1人あたり販売数」と「購入率」ということになりま

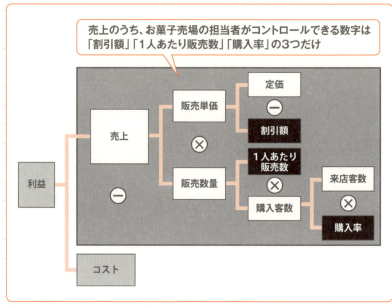

図1-2：自分がコントロールできる数字を考える

す（図1-2）。

　売場担当者は店頭での「割引額」を変化させることで、販売単価をコントロールできます。また、1人のお客様に複数個の商品を買ってもらったほうが売上高が上がりますから、「1人のお客様が一度に2つ買ったら5％割引にする」「1か月以内の再購入時に使える割引クーポンを発行する」などの施策を打って、1人のお客様が買ってくれる販売数量や購入率の上積みを狙うことができます。

　このように考えてみると、自分が、日々の業務においてどんな「数字」に触れているのかがよくわかるはずです。

　くどいようですが、ビジネスは様々な種類の数字でできています。そしてあなたの業務活動は、その数字のうちのいくつかを日々の業務活動によって変化させているのです。

自分がコントロールできる数字を見極めるには？

ビジネスの現場で大事なことは、「自分がコントロールできる数字」を見極めることだと紹介しました。言い方を変えれば、**「自分の関わる業務がどういう数字に影響しているのか」**という意識を持つことが大切になります。

当然ながら、自分がコントロールできる数字、自分の業務が影響を与える数字は、部門によって異なります。そこを見極めるためには、まず「自分の関わる業務」を明らかにしていくことが大切です。**いわゆる「業務プロセス」の明確化です。**

例えば、「製造部門」の業務プロセスを考えてみましょう。製造部門は、「商品を作ること」を担当しています。そのため、活動は必然的に「生産行為」に関わるものになります。

製造部門の業務プロセスでは、まず「どういうふうにその製品を作るのか」を設計し、その設計に基づいて商品部材の仕入れや製品の生産を行い、完成品の在庫管理を行って出荷します。ここまでを製造部門の管轄とします。すると、その後行われる「物流・販売」は製造部門の範疇ではなく、別の部門が担当することになります（図1-3）。

この業務プロセスにおいて、製造部門が管理すべき数字（コントロールできる数字）は何でしょう。ざっと挙げると、「設計に関わる人員数」「部材の仕入れ数」「生産に関わる人員数」「生産した製品の数」「生産時の正常品・不良品の比率（歩留まり）」「工場にある製品在庫の数」「工場内で廃棄した製品の数」「出荷作業に関わる人員数」「出荷した商品数」などが該当するでしょう。生産部門の手を離れた後の、実際の販売数や販売に関わる人員数、結果としての売上金額などは、担当領域外の数字です（ただし「販売された数」は次回の生産数に影響しますので、間接的にチェックすべき数字だといえます）。

このように、業務プロセスを分解することで、自分が管理すべき数字（コントロールできる数字）が見えてくるわけです。

また、同じ数字であっても、部門によって捉え方が異なる場合があります。例えば「売上」や「販売数」は、マーケティング部門にとってとても重要な数字です。ただ、マーケティング部門にとっての「売上」や「販売数」は、適切

なマーケティング施策を行うための数字、いわば「結果検証のための指標」だといえます。

一方、営業部門にとっても「売上」や「販売数」は大切ですが、彼らにとって売上や販売数は、「結果検証のための指標」というより、「達成すべき目標」「日々積み上げていく活動指標」です。**つまり同じ数字でも、部門（と、その担当する業務プロセス）によって、捉え方が変わってくるわけです。**

このように、数字を一面的に捉えるのではなく、業務プロセスと照らし合わせつつ、数字を多面的・俯瞰的に見てみることもとても大切になります。例えば「マーケティングにかかるコスト」を考えたとき、真っ先に思い浮かぶのは「広告出稿料」ですが、マーケティングプロセス全体で見れば、実は最も大きなコストは、（福利厚生費や接待交際費も含めた）「社内の人件費だった」というのも、起こりうる話です。

「目に見える数字」や「目立つ数字」だけに注目するのではなく、多様な数字を俯瞰してみることで、違う世界が見えてくることがあるのです。そしてそのビジネスにおける様々な数字は、日々の業務と密接に関わる「現実の写像」なのです。

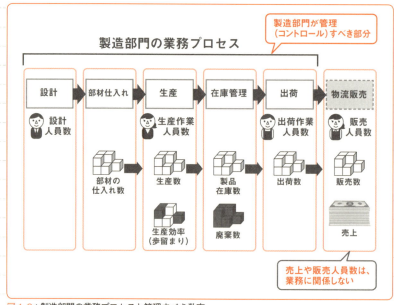

図1-3：製造部門の業務プロセスと管理すべき数字

「何を、誰が、誰に、いつ」で数字を見てみよう!

　ビジネスが様々な数字で構成されていることは、ここまでの解説で理解できたと思います。では、それら各種数字の「見方」について考えてみましょう。

　例えばあなたの業務上、一番近い距離にあるなぁと思う「売上」を思い浮かべてみてください。想像できたら、あなたが想像していたのは、次のうちのどれに近いかもチェックしてみましょう。

- 企業全体の売上
- 企業が提供する特定の商品やサービスの売上
- 自らが所属する部署（あるいは、一番よくコミュニケーションをとる部署）の売上
- 特定の顧客セグメント、あるいは担当する1人1人の顧客に販売できた売上

　いかがでしょうか。これにより、「会社単位」「特定商品・サービス単位」「部署単位」「顧客単位」など、あなたがどういう「カタマリ」で売上を捉えていたがわかってきます。

　さらに、あなたがその売上をどのような「時間軸」で捉えていたかも考えてみてください。「年間単位」「月単位」「週単位」「日単位」「時間帯や曜日単位」など、何らかの区分で分解していたのではないでしょうか。

　P.24で、売上を「単価」と「数量」のように構造的に捉えるアプローチを紹介しましたが、普段の会話の中で「売上」という言葉が出てきたときは、「どんな構成要素で売上が成り立っているか」ということより、今回みなさんが頭の中でイメージしたように、**「どういうカタマリとしての売上なのか」を把握することのほうが重要だったりします。**

　これも、「数字を分解して捉える」というテクニックの1つです。前回紹介した「販売単価」「販売数量」のような分け方ではなく、「会社／商品／部署」や「時間」で売上を分解するわけです。

　「分解」というと難しいことのように聞こえますが、要は、全体のひとカタマリを、もう少し細かいカタマリ、すなわち「部分」に分けるというだけのことです。

分解項目	概要
全体	ひとカタマリのままで捉える
商品別	何らかの商品・サービスごとのカタマリで捉える
カテゴリ別	商品やサービスを、性質や対象ごとにまとめて捉える
部門別	販売に関わる部門の単位で捉える
支社(エリア)別	販売が行われたエリア単位で捉える
得意先・顧客別	購入してくれたお客様の単位で捉える
月別	上記に関わらず、適切な時間区分で捉える

図1-4:今回取り上げた「売上」の分解軸

先ほど挙げた「売上」でいうなら、上表のような軸で分解したことになります（図1-4）。

何を・誰が・誰に・いつ売ったのか

この作業は、**売上を「何を・誰が・誰に・いつ売ったのか」という視点で分解したことになります。**逆にいうと、売上は「何を・誰が・誰に・いつ売ったのか」という視点で分解できるのです。

商品別・カテゴリ別は、販売しているものやサービスのカタマリで分解する、すなわち「何を売ったのか」という観点での分解です。

部門別・支社（エリア）別は、販売活動を行う組織の管理単位で分解していますから、「誰が売ったのか」という観点での分解だといえます。

得意先・顧客別は、購入してくれた人を、個人顧客であれば性別や年代、法人顧客であれば業種や規模などで区分していくことになりますので、「誰に売ったのか」という観点での分解です。

最後に、月別、週別、日別などの分解をすることは「いつ売ったのか」という時間軸の視点での分解ですね。

いかがでしょう。売上を分解することで、「何を・誰が・誰に・いつ販売したのか」を明らかできますね（図1-5）。

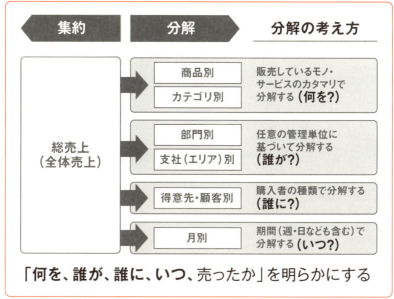

図1-5：「何を、誰が、誰に、いつ」売ったかという視点

複数の分解軸で「クロス」にして考えることも多い

　前述した分解軸は、1つ1つではなく、複数を組み合わせて使うことも非常に多いです。1つの軸を縦に、別の軸を横にとるという形式で行われるのが最もシンプルな形式です。つまり、軸と軸が交差（クロス）する形ですね。

　例えば、支社（エリア）ごとの「月別売上」を表現したい場合、図1-6のような形式になります。縦軸に支社（エリア）を置き、横軸に月を置き、2軸をクロスさせて網の目を作ります。これによって、「どの支店がどの月にどれほどの売上を上げたのか」を明らかにできるわけです。

　ここでは、「支店別」×「月別」のクロスを紹介しましたが、実際には、「部門別」×「商品別」などのクロスになることもあります。その場合「どの部門がどの商品をどのくらい販売したのか」を明らかにできることになりますね。

　複数の軸の「クロス」で売上を分解していく、という観点で売上把握に取り組むためには、**「分解の軸」を明確にしなければなりません。**これは、実は非常に大事なことです。

　多くの人は、自分自身がイメージしていることを、周りのみんなも同じようにイメージできていると勘違いしがちです。しかし、誰かとコミュニケーショ

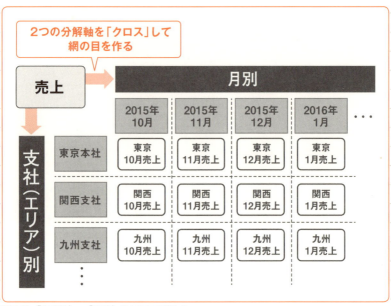

図1-6:「支店別」×「月別」のクロスで考える

ンをする際には、それらはあらかじめ「前提知識」として共有されていなければなりません。

　誰かと売上の話をする場合、**売上を「どの軸」で捉えているかによって、論点が変わってきます。**片方は「商品別」の話をしているのに、もう片方が「部門別」の話をしていたら、いつまでたっても話がかみ合いませんよね。そのような行き違いを避けるためにも、自分自身が「分解の軸」をしっかりと理解しておくべきです。こういう初歩的なところをおろそかにすると、思わぬ誤解が生じてしまいます。ぜひこの機会に、「常に分解軸を明らかにしておく」ということを肝に銘じておいてください。

分解軸は「数字の種類」によって変化する

　ここまで「売上」の話をしてきましたが、売上以外の数字も、もちろん同様に分解することができます。

　製造部門の評価指標である「生産量」を例にとって考えてみましょう。生産量は、「販売」ではなく「もの作り」の部分なので、売上が「何を・誰が・誰に・いつ販売したのか」と分解していたのに対し、**生産量の場合は「何を・誰が・誰**

のために・いつ生産したのか」というふうに考えることになります（図 1-7）。

「何を」については、売上の場合と変わりません。商品なりカテゴリなりの単位で分解していくだけです。

「誰が」は、売上のときと同様に部門別で見ていくことになりますが、活動主体が「製造部門」に限定されるところが違います（売上の場合は、必ずしも営業部門だけとは限りません。例えば、社内向け販売などの例外的な処理が存在します）。

生産部門にエリアの概念があるかどうかは意見の分かれるところですが、複数の工場を地域別に束ねているような場合には、その区分も有用でしょう。

「誰のために」は、最終的に、誰かがユーザーに販売するために製品を作っているわけなので、先ほど述べたように「どの販売部門に納入するために作っているのか」という視点で考えることになります。当然ながら、ここで出てくる販売部門は、売上における「誰が」とほぼ同じ部門名になります。

「いつ」に関しても、売上と同様に捉えればよいでしょう。

これらの軸の中から、必要なものを必要な数だけ選んでクロスにしていけば、生産量を適切な単位に分解することができるのです。

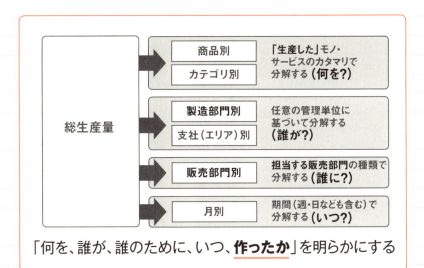

図 1-7：製造部門で売上を分解する

04 数字は「地図」に似ている？

「数字は地図」…その理由は？

　ビジネスに関するコミュニケーションの場で数字を用いることは、互いの認識のズレを減らすことにつながります。もっといえば、「数字」を前にして話し合うことは、**みんなで「地図」を広げて、お互いに現在地や行き先を確認する作業に似ています。**

　数字が並んでいる資料は、数字が苦手な人からすると、どうやって見たらよいかも、何を見たらよいかもわからないものです。これは、地図を見るのが苦手な人が、「どうやって見たらいいか、何を見たらいいかわからない」ということに似ています。

　数字という地図を有効に活用するために重要となるのは、地図記号に相当する「用語」に対する認識を統一しておくことです。

　例えば地図では、小中学校は「文」で示されますが、高校は「◯の中に文」で示されています。あるいは神社仏閣でも、寺院は卍で、神社は鳥居のマークで示されていますよね。このルールがわかっていないと、正しく地図を見ることはできません。また、ルールの認識が不統一だと、例えば「学校があるからそこを右に曲がって」といったときに、あなたは「小学校」をイメージしていて、別の人は「高校」をイメージしていたとしたら、いつまでたっても目的地にたどり着きませんよね。同じように、「近所」というとき、その距離が徒歩10分なのか車で10分なのかは、大きな差です。そもそも「近所」を考えるスタート地点が「現在地」なのか「目的地」なのかも、人によって認識が違うかもしれません。

　このように、ルールの認識が不統一だと、複数人で地図を見る際に様々な齟齬が生まれるわけです。このことは、数字を見るときも同様です。

　例えば前述のように、**同じ「売上」という言葉でも、部門別なのか商品別なのか、月間なのか年間なのかで認識は大きく違いますし、部署によって同じ言葉を違う意味で使ってしまっていることもあります。**あるいは、「この部門の利益を10％引き上げたい」というのが目的地だったとして、「利益とはどの単位の利益か（年

間なのか月間なのか)」という「現在地の認識」がズレていると困りますよね。そういう誤解の芽を最初に摘んでおかないと、いつまでも正しい議論ができません。すべての用語の意味を厳密に統一する必要はありませんが、少なくとも「同じもののことをいっているのか、違うものを指しているのか」だけは、最低限明確にしておきましょう。

数字を使って会話するために

逆にこういった前提がそろってさえいれば、数字を地図と同じように使うことができます。同じ地図を見ながら誰かと話すときは、「今、自分たちはどこにいるのか」「これからどこを目指すのか」そして「何に注目しているのか」などを共有することになります。「今、警察署の前にいる（現在地）ので、郵便局の角（注目ポイント）を曲がって、小学校に向かう（目的地）」という感じですね。

これを数字でいうと、**「関西支社の月次売上を見ている（現在地）が、東京よりも売上高の伸びが悪い（注目ポイント）ので、東京並みの伸び率にしたい（目的地）」**というふうになります。

まとめると、数字を見る際は、以下のことを互いの共通認識にする必要があるということになります。

- 自分たちが、どの数字を見ているのか
- その数字のどういう部分に着目しているのか
- 数字を、どのように変えていきたいのか（あるいは、変えたくないのか）

現在地の認識がズレていては、どんなに頑張っても道案内はうまく行きません。目的地が異なっているならば、道筋を議論する前に、目的地の認識を合わせることから始めるべきなのです。

地図があれば、離れていてもわかりあえる

地図の優れている点は、**「同じ地図を持っている人なら、誰でも同じように理解し、同じように使うことができる」**ことです。これは数字も同様です。

本社の企画部門のスタッフが、遠く離れた支店の担当者と会話するときに、お互いが同じ地図、すなわち同じ数字を持ってさえいれば、コミュニケーショ

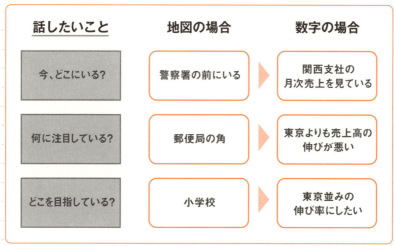

図1-8：地図を見ることと数字を見ることは同じ

ンに困ることはありません。

　支店の担当者は、支店の状況を手元の地図（数字）に基づいて本社担当者に説明し、企画部門のスタッフは、同じ地図を見ながら、現在地（どの数字を見ているのか）や目的地（どういう状態にしていきたいのか）、そこを目指す際のランドマーク（理由や根拠など）を把握します。

　同じ地図を見てさえいれば、意見交換を重ねることで、いつか合意がとれるはずです（図1-8）。

　もちろん合意をとれた後も、目的地まで電車を使って移動すべきか、タクシーに乗るべきかなどに関する意見の違いは出るでしょう。しかし、それは本筋から考えれば些末な話に過ぎません。

　余談ですが、「電車かタクシーか」、つまり「どういう手段を用いて目的地に到達するか」という話は、例えば「関西の売上を東京並みにしたい」というとき、「売上を維持しつつコストを下げる（＝利益率を上げる）」のか、「利益率を維持して、売上を拡大する」のかの選択に似ています。これは非常に重要な選択ですし、実際のビジネスの現場でもよく議論されることです。

　ただ、繰り返しになりますが、**そもそも現在地・目的地の認識を合わせていなければ、この議論は全く意味をなさないことになります。**

　まずは「数字は地図である」と認識し、現在地と目的地を明らかにすることを心がけるようにしましょう。

第1部　ビジネス数字養成編

数字を「共通言語」として使うために

第1章　ビジネスにおける「数字感覚」とは？

　わかりやすくイメージしてもらうために、前回は数字を「地図」に例えて紹介しました。別のいい方をするならば、数字は所属する部門をまたいだ「共通言語」であるといえます。

　前回少し触れた「目的地までの交通手段に電車を使うか、タクシーを使うか」という話、すなわち「売上維持・コスト削減（利益率UP）」を目指すか、「利益率維持・売上UPか」という議論も、数字を用いて会話することで、より深く、また誤解なく議論することができます。

　例えば「東京並みの伸び率にするために、関西支店の利益を前年同月比で25%向上させたい」という話になった場合、東京と関西の現在の実力値を「数字」で比較すれば、判断を下しやすくなります。

　その結果、「東京：関西」を比較した数字が、「売上1000:600、コスト480:320、利益520:280、利益率60.0%：46.7%」となっていたとしましょう。

　600という関西支店の売上を東京並みの1000に引き上げる場合、関西の利益率は46.7%ですから、残る利益は467となります。これは従来の利益280から「187」の増加、つまり67% UPです。

　一方、600という売上はそのままで、関西支店の利益率46.7%を東京並みの60.0%に引き上げる場合、利益は360となります（600 × 60.0%）。この場合、従来の利益280からの増加は「80」に留まりますね（29% UP）。

　つまり、「利益率はそのままで、売上を東京並みにしたほうが利益額向上には効果的だが、利益率改善でも目標に届く」といえそうです。

　ただ、ここで重要なのは**最終的にどちらのアプローチをとるかではなく、その議論を「数字に基づいて」行うこと**です。今回のケースでいえば、コストを減らして「利益率」を東京並みに高めるべきか、利益率ではなく「売上」を東京並みに引き上げるべきか、という「議論のポイント＝論点」を明らかにして議論することが大切だ、ということになります（図1-9）。

　このように、ビジネスの状況を数字の形で目に見えるように表現し、それを「共通言語」として使うことで、**部門の違い・役職の違い・会社の違いなどの壁を越えたコミュニケーションを実現できるわけです**（図1-10）。

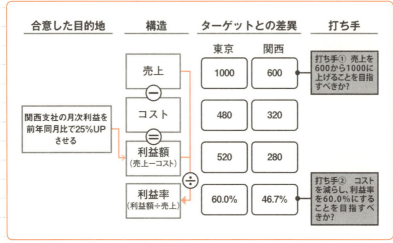

図1-9:「論点」を明確にしてから議論する

図1-10:数字によって様々な「壁」を乗り越える

　部門や役職、会社の壁が存在するのはやむを得ませんし、またこうした壁があること自体が問題なのではありません。大事なのは、まず、**壁がそこに存在していることを理解し、その壁を越えようと試みることです**。その壁が言葉の定義などに起因する誤解である場合には、数字を用いてコミュニケーションすることで、容易に越えることができます。そして実際に、壁の多くは、単なる誤解なのです。

壁を越えるために「正しい疑問」を持とう

「数字」を使えば部門や役職、会社の壁を乗り越えられるといいましたが、あなたがどれほど「正しく数字を使ってコミュニケーションしよう」と心がけたところで、会話の相手にもその認識がなければうまくは行きません。

そんなとき重要になるのは、**相手の発言内容に対して「正しい疑問」を持つよう心がけることです**。例えば相手が「売上が落ちている」といった場合、「何の売上なのか」「それはどういう期間単位で比較しているのか」という疑問を持ち、相手に確認するようにしてください。

最初は面倒くさがられるかもしれませんが、同じ地図を見るためだと割り切って、その都度しっかりと確認しましょう。

「関西が不調だ」とか「在庫が足りない」とかいった発言も、どの地図を見ているのかがわかりにくい発言です。「不調というのは売上なのか利益なのか」「在庫が足りないのは、どこの、どういう在庫なのか」をしっかりと明確化することが大切です。

部門が違えば、見ている数字、気になる数字は違います。立場が違えば、同じ数字でも捉え方が異なります。そういう部門や役職などに起因する様々な壁を越えて、同じ状況を理解・共有することが、数字を使ってビジネスを円滑に回すための大前提です（図 1-11）。

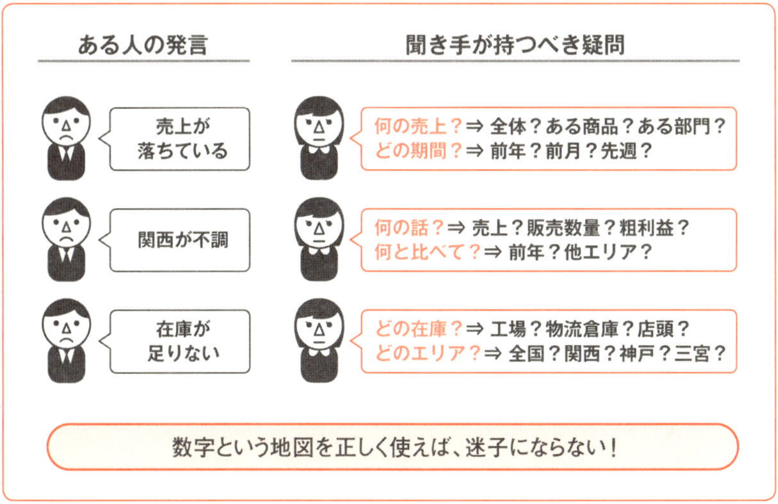

ある人の発言	聞き手が持つべき疑問
売上が落ちている	何の売上？⇒ 全体？ある商品？ある部門？ どの期間？⇒ 前年？前月？先週？
関西が不調	何の話？⇒ 売上？販売数量？粗利益？ 何と比べて？⇒ 前年？他エリア？
在庫が足りない	どの在庫？⇒ 工場？物流倉庫？店頭？ どのエリア？⇒ 全国？関西？神戸？三宮？

数字という地図を正しく使えば、迷子にならない！

図 1-11：「正しい疑問」を持つ

「勘・経験・嗅覚」は主観である！

　「勘・経験・嗅覚」という言葉は、欧米的な思想を持っている経営者や、昨今隆盛を極めるデータサイエンティストと呼ばれる職業の方からは、蛇蝎のように嫌われています。これらの言葉は「非論理的な思考回路」の象徴として扱われているからです。

　しかし筆者は、実際に仕事を行ううえで、「勘・経験・嗅覚」は非常に重要だと考えています。例えばコンビニの店長は、近所の小学校で運動会がある日におにぎりやお茶の種類や量を増やしたり、マンションの工事が始まったら職人向けにボリュームのあるお弁当を多めに並べたりするものです。これは、「運動会の日はおにぎりやお茶がよく売れる」「近所で工事が始まるとボリューム感のある弁当が売れる」という経験則に基づいたものでしょう。

　また、1つ1つの商品（例えば梅干しおにぎりを5個にするか7個にするか）を延々と考えていては時間が足りませんから、「勘・経験・嗅覚」に基づいて、「○個にしよう！」と決めたりしています。

　経験豊富な営業担当者が、得意先を訪問せずとも、「あのお客様は今の時期は忙しいから、今日訪問しても会えないだろう」などと推測できるのも、勘・経験・嗅覚に基づいた感覚でしょう。

　日々の仕事の中で遭遇する事態、失敗が起こりがちな条件を多く知っていたり、成功体験によって培われたノウハウが蓄積されていれば、先を読む力、すなわち「先読み力」が研ぎ澄まされ、成功確率を上げることができます。**つまり「勘・経験・嗅覚」を最大限に活かして意思決定していくことで、仕事のスピードを低下させずに（つまり、効率を落とさずに）、仕事の質を高められるわけです**（図1-12）。

　その一方で、勘・経験・嗅覚だけに頼る仕事は、論理的でないといわれるのも理解できます。**そもそも、勘・経験・嗅覚は「主観」に基づくものだからです。**そして主観に基づいているがゆえに、勘・経験・嗅覚によるやり方は、「なぜそうすべきなのか」を他人に説明することが難しいケースが多いのです。

　優秀な営業マンがマネジャーに昇進したものの、「後進を育てるのが苦手で困っている」というような事態に陥るのはまさしくこれが原因です。自身の勘・経験・嗅覚に頼って仕事をしてきたため、仕事の方法を後輩に論理的に説明す

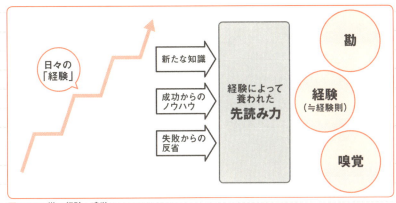

図1-12：勘・経験・嗅覚

ることができないわけですね。これは、**「他人に説明するための整理ができていない」** といい換えることができます。

「勘・経験・嗅覚」は思考をショートカットする

　一例を挙げましょう。スーパーの店長が、ある雨の日に、スタッフに「今日は弁当と揚げ物を普段より少なくしてくれ」と指示しました。

　実はこの店長の説明の仕方こそ、勘・経験・嗅覚がはらんでいる問題の典型です。**主観に基づく思考プロセスの途中経過をすっ飛ばして、結論だけを口に出してしまっているのです。**このショートカットした部分をきちんと伝えないと、他の人には、なぜそういう判断になるのかがわかりません。店長の指示を聞いたスタッフも、「え、雨だと弁当と揚げ物を減らすのか。なぜだろう」と疑問に思うことでしょう。

　店長の思考回路を論理的に整理すると、次のようになります。「①今日は雨が降っている→②近所の高校の運動部の大半が雨天は休みになる→③普段は、お腹を空かせた部活帰りの生徒が大挙して来店し、お弁当や揚げ物を買って帰ってくれる→④でも雨の日は、部活がないのでさっさと帰ってしまう→⑤彼らが買ったであろう弁当と揚げ物は、普段より少なくてよいはずだ」と。

　店長の頭の中には、実際にはこの5段階の思考STEPがあったのですが、スタッフへの指示では、「雨が降っているから弁当・揚げ物を少なくしてくれ」と、②〜④の3つをスキップしてしまったわけです（図1-13）。

　先ほども述べたように、雨が降っているのを見た店長が、「今日は弁当と揚

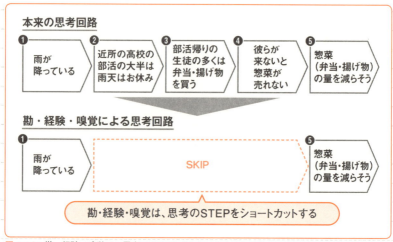

図1-13：勘・経験・嗅覚は、思考のSTEPをショートカットする

げ物を減らしたほうがよい」と即座に判断したことは、仕事の効率性と品質の観点から考えて、決して悪いことではありません。

しかしながら、「雨が降っている→弁当と揚げ物を減らす」のように、**中間STEPを飛ばして思考することが常態化してしまっているとしたら問題です**。いざ、誰かに説明しようとしたとき、うまく説明することができなくなるからです。下手をすると「何でそんなこともわからないんだ」「そんなもの、いちいち説明しなくてもわかるだろう」と、部下に責任を転嫁することになりかねません。これでは、部下が育つはずもありません。

成功体験は「思い込み」になりかねない

勘・経験・嗅覚に頼りすぎることの弊害は、「他者に論理的に説明できなくなる」ということだけではありません。

勘・経験・嗅覚は、長い仕事人生の中で蓄積してきた知識やノウハウを元にしていますので、**一歩間違うと「単なる思い込み」となってしまうことも、大きな問題**です。

例えば、10年にわたり、大学の目の前にあるコーヒーショップの店長を務めていた人がいたとします。このコーヒーショップにはランチタイムもあり、低単価のランチメニューが学生相手によく売れました。

しかし彼の悩みは、安価なランチで2時間以上居座る学生が多く、非常に回

転率が悪いことでした。そこで彼は、ランチタイムに「入店後20分以内にお会計をしてくれたら、テイクアウトのコーヒーをプレゼント」という企画を行ったのです。結果、ランチの回転率が上がり、売上・利益が大幅に改善しました。

　これがいわゆる成功体験であり、この店の店長の「経験（経験則）」です。

　しかし、この店長が住宅街にある店舗に異動になった際に、この成功体験に基づく経験則をそのまま適用しようとしたら、どうなるでしょう。

　大学の目の前にある店舗から住宅街にある店舗に変わったわけですから、客層も異なるはずです。おそらく従来のような「学生」ではなく、「主婦層」が増えるのではないでしょうか。ゆっくり昼ご飯を楽しみたい住宅街の子連れの主婦層に「ランチタイムは20分で出て行ってほしい」というメッセージを伝えるのは、到底得策とはいえないはずです（図1-14）。

　このように、**ある個人（この場合は店長）の主観に基づいた判断は、他の状況には適用できないことも多いのです**。ここまで極端ではないにせよ、「ある個人の主観（成功体験）」に固執するあまりに、ビジネスに支障をきたすケースは多々あります。これも、勘・経験・嗅覚の弊害です。

　そして、こうした勘・経験・嗅覚の乱用は、前節で述べた「壁」を作ります。それぞれが勘・経験・嗅覚で働いていると、双方がお互いの考え方を理解できず、「あいつらは現場のことがわかっていない」などと、部署間でいがみあうことになりかねません。

　「勘・経験・嗅覚」は非常に重要ではありますが、それに依存しすぎると、やはり弊害も出てくるのです。

図1-14：勘・経験・嗅覚は「思い込み」につながる恐れも

「数字」は客観である！

勘・経験・嗅覚が「主観」であるのに対し、数字は「客観」です。数字に個人の主観や思い込みが入る余地はなく、厳然たる「結果」をわかりやすく示してくれます。主観である「勘・経験・嗅覚」を、客観的に表現してくれるのが「数字」だといえるでしょう。

数字を用いれば、主観的・抽象的な表現は排除されるため、より精度の高いコミュニケーションが可能になります。また、目の前で起こっていることを、数字的な裏付けを持って「関係性」として理解できる点も、数字を用いる大きな利点です。

例えば、テレビCMの出稿量が増えたときに、インターネット経由の問い合わせ数が増えたとします。

この2つの物事がどれくらいの相関性を持っているのかは、数字を調べたら一発でわかるはずです。

あるいは、ある商品に対して割引キャンペーンを行った際に、実際にどの程度の効果があったのかも、数字を調べればわかるでしょう。

実際の現場では、「メーカーが代理店にキャンペーンを依頼する」「割引の費用はメーカーが負担する」というケースは多いですが、こういうケースであればなおのこと、キャンペーンの費用対効果は数字で綿密に検証されるべきでしょう。

このように、実際の物事から「関係性」を切り出すことで、自らが関わっていること（自分事＝ジブンゴト）と、他の人が関わっていること（他人事＝タニンゴト）を、同じモノサシで計り、同じように判断することができるようになります。

様々な事案を「同じモノサシで計る」のは、とても重要なことです。

例えばチェーン店の3つの店舗が、それぞれ「各家庭にチラシを配る」「ラジオCMを行う」「店頭で呼び込みをする」という集客施策をしたとします。

これらの集客施策は、それぞれ全く異なるものです。しかし、「一定額のマーケティングコストを投下して集客を行った」というふうに考えれば、やっていることは「同じ」だともいえます。

そうすると、**それらの3店舗における集客施策の効果は、個別の細かな事情は**

さておいて、ひとまずは同じ基準で判断されるべきです。

こういうときに、数字による客観的な評価が役に立つのです。

何もかも客観視すればよいわけでもない

「数字は客観であり、数字を用いることで精度の高いコミュニケーションを実現できる」といいましたが、だからといって、何でも数字を使って判断すればよいというわけではありません。数字の信奉者にありがちなことなのですが、**数字への意識が強すぎると、現場の事情を一切鑑みない施策を打ち出しかねないからです。**

実際のビジネスは、「それぞれの現場固有の事情」を数多く抱えた状態で進みます。例えば部署内・店舗内には「誰と誰は仲がよい（悪い）」などという人間関係があるものです。職場に派閥めいたものがあるのは決して好ましくありませんが、現実問題として、人間関係によって仕事の成果が左右されることは少なくありません。

また、数字だけを見ることにより、議論が理想論に終始したり、机上の空論になってしまうこともよくあるケースです。

例えば人件費を下げようと考えたときに、「部門Aと部門Bのある業務は重複する。部門を統合すれば1名のスタッフで済み、人件費を節約できる」といわれても、現場レベルではそううまく行くとは限りませんよね。

実際に現場の状況を見ると、該当する2つの部門が異なるオフィスに入居していたり、取引先の都合で営業時間が大きく異なったり、というケースもありえるでしょう。**数字だけを見て「複数部門の業務を集約すれば人件費を節約できる」というわけには行かないのです。**

あるいは、**客観的な数字に基づいて全社一律の意思決定をしてしまったために、個別の部門の業務に対して、非常に大きな悪影響を与えてしまうこともあります。**

「今後接待交際費は全面カットする」とか「営業販促費を全部門一律で6割削減する」とかいう状況を想像してみましょう。

おそらく、全社的に見ればその目標は正しいのかもしれません。無駄な接待費や販促費が、各部門のあちこちで発生してしまっているのは、本当によくある話です。

しかし、業界あるいは取引先によっては、「慣習・慣例として接待が常態化している」というケースも、現実的にはありえます。その場合、一律に営業経

費を削減してしまうことは、その取引先の仕事を失うことを意味する、ということも十分起こりえます。

特定商品の集中購買を本社が決めた結果、個別部門や個別支社が行っていたバーター取引を解消せざるを得ない、というようなこともあるでしょう。

このように、数字のみを盲目的に信じることで、「現場との齟齬」が生まれることも多々あります。つまり、主観にも客観にも、それぞれよいところと悪いところがあるわけです（図 1-15）。

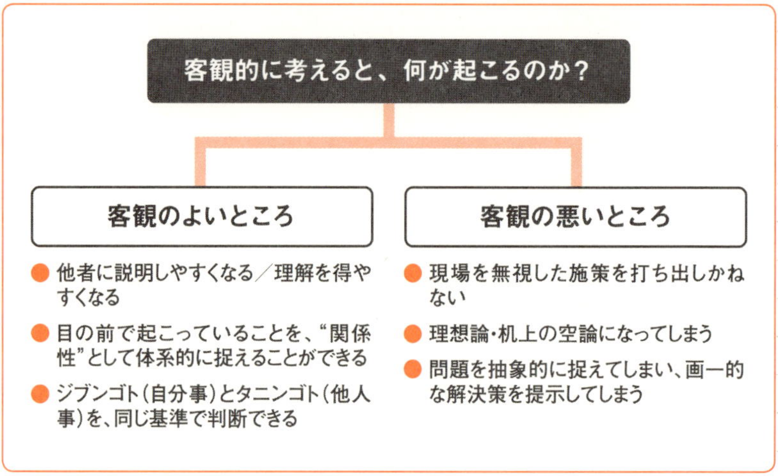

客観的に考えると、何が起こるのか？

客観のよいところ
- 他者に説明しやすくなる／理解を得やすくなる
- 目の前で起こっていることを、"関係性"として体系的に捉えることができる
- ジブンゴト（自分事）とタニンゴト（他人事）を、同じ基準で判断できる

客観の悪いところ
- 現場を無視した施策を打ち出しかねない
- 理想論・机上の空論になってしまう
- 問題を抽象的に捉えてしまい、画一的な解決策を提示してしまう

図 1-15：客観視のよい点・悪い点

「主観」と「客観」の組み合わせが大事！

勘・経験・嗅覚による主観と、数字による客観はいわば表裏一体のものです。重要なのは、この2つをうまく結び付けることです。

突然ですが、大ヒットした映画の有名な台詞に、「事件は会議室で起きてるんじゃない。現場で起きてるんだ！」というものがあります。この台詞は真理です。事件の現場に限らず、ビジネスの現場においても、多くの出来事は現場で認識され、現場で対応策を検討し、解決を試みることになります。これが円滑にできるのが、いわゆる「現場力」というべきものです。この現場力は、その企業のオペレーションの強さを示しています。

しかし「事件が現場で起きている」という状態、別のいい方をすると「現場にいないと事件のことがわからない」という状態が続くのは、企業として決して望ましい姿ではありません。

「事件が現場で起きている」状態が続いているのは、現場が主観で判断を下している可能性を示唆しています。**本来であれば、事件が「現場で起きている」と認識されたのと同時に、会議室でも「事件が起きている」と認識されることが望ましいのです。**

事件が現場でも会議室でも起きている、ということは、同じ情報を現場と会議室が同時に保有して、それに対して判断を下していくということを意味します（図1-16）。現場と会議室で情報がしっかりと共有されていれば、場合によっては、現場が見逃しているものを会議室が見つけてくれるかもしれません。刑事ドラマでいうならば、現場が「別々の事件だ」と思っていたものを、会議室で「連続殺人事件ではないか」と気付かれるシーンはこれに近いでしょう。

このとき、同じ情報を見ていれば、「別々の事件だと思う現場」と［連続殺人事件だと思う会議室］は、その論拠について議論ができます。

このとき、互いに見ている情報がバラバラだと、すべての主張が各々の主観によって行われるため、議論が成立しません。もちろん同じ情報を見ていても、現場と会議室で主張が異なることは多々ありますが、少なくとも個々の判断や意思決定のインプットとなる情報が同じものであることは、**現場と会議室がコミュニケーションを行う際の「くだらない障壁」の多くを取り去ってくれます。**

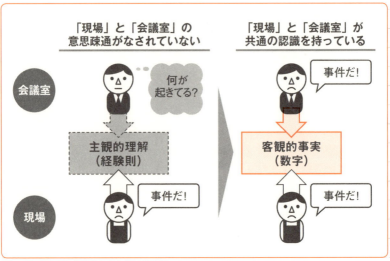

図1-16:「現場と会議室」のあるべき関係

「現場と会議室」の関係は階層構造

「現場と会議室（上層部）の対立」は、刑事ドラマに限らずよく見られる構図ですが、こういう対立は、ビジネスの現場でもよく起こっていることです。

しかも厄介なことに、企業内において、「現場と会議室」の関係は1つだけではありません。例えば、ある支店の中で見ると、営業マンが「現場」で支店長が「会議室」に相当します。しかしその支店長もその上のエリア本部から見ると「現場」ですし、エリア本部も、本社の営業統括部門から見ると「現場」です（もちろん、経営陣からすれば営業統括部門も「現場」となるでしょうし、経営陣でさえも株主から見ると「現場」です）。

この階層構造は、多少の違いはあれど、どんな企業のどんな組織・部門であっても本質的には変わりません。企業や組織に関わらず「上に行くほど現場が見えない」という問題を抱えているのは、この階層の多さに起因します。

しかも残念なことに、**多くの場合「上に行くほど現場が見えない」どころか、「最下層の会議室（上述の例なら支店長）でも、現場が見えていない」**のが実情です。

例えば、現場の営業マンに日報の提出を義務付けている支店長は多いと思います。

日報の内容が具体的であればよいのですが、例えば「訪問3件（〇〇社、××社、□□社）」などと書いてある程度であれば問題です。

本来3件の訪問は、それぞれ目的が違うはずです。1社目は初回訪問（自社の紹介と訪問先の状況ヒアリング）、2社目は契約成立のお礼とその後のフォローアップ、3社目は前回訪問時に出された課題を踏まえた提案書の提出、などといった具合です。

　また、本当に重要なのは「訪問の目的は何か」ではなく、「訪問の目的が果たされたかどうか」です。1社目ではちゃんと自社のことを理解してもらい、次回のアポイントメントがとれたか、2社目では、特に不満や課題は見つからなかったか、別の案件のネタとなりそうな話はなかったか、3社目では、提案の反応はどうだったか、うまく行きそうなのか別の課題が見つかったのか、などが、「目的が果たされたかどうか」に該当するでしょう。

　単に「訪問3件」と書いても、またこれらの状況を現場が一所懸命「主観的」に表現しても、会議室にはうまく伝わりません。

　本来なら、そこで「案件のステージ管理」や「受注の確度管理」といった「客観的」な共通言語を用いて表現することが必要になるのですが、残念ながらそこまで踏み込んだ日報を出させている支店長は多くないでしょう。

なぜ上司は客観的な数字を欲しがるのか

　会議室、すなわち上司が、現場に対して数字を出せと要望を出す理由は、2つあります。**1つは、自分自身が判断するための材料が欲しいからです。そしてもう1つは、さらに上に報告するために使いたいからです。**

　このうち、特に重要なのは後者です。前者、すなわち上司が自分で物事を判断する際には、部下からの報告が主観に基づくものであっても、大きな問題にはなりません。もちろん、客観的な数字に基づいた報告であるほうが望ましいですが、対面でのコミュニケーションを密にとり、部下がどういうことを考えているのかをしっかりと把握できていれば、様々な事情を勘案して、状況を正確に理解することが可能だからです。こういうタイプの上司像は個人的には嫌いじゃありませんし、実際部下に慕われる上司は、このタイプが多いかもしれません。

　しかし後者のシチュエーション、すなわちその上司が、もう一段上の「会議室（さらに上の上司）」に情報を伝えなければいけない場合、事情が変わってきます。「山田は新人だけど気のいい奴で、本人も頑張るっていってるんであと3カ月くらい様子を見てやりたいんですよ」という「現場の話」は、「会議室」から見るとどうでもよい話です。それよりも、「現時点の達成率は支店全体で

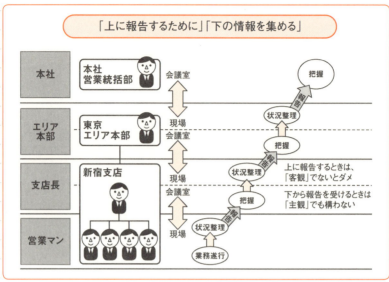

図1-17：「上に報告するために」「下の情報を集める」

いくらなのか」「目標達成に向けてあとどれだけ必要なのか」「そのために、確度がどれくらいの案件がいくつあるのか、それで十分なのか」などの客観的な数字を報告しなければなりませんし、「会議室」もそういう客観的な情報を求めています（図1-17）。どのような企業にも「会議室」の階層は存在しますから、最初から数字で表現するようにしておくほうが、組織全体でのコミュニケーションロスが少なくて済むはずです。

数字にすると「応用」がきく

前述した通り、数字によって、「経験則」を「客観的に理解可能なルール」として理論化できれば、同僚や部下、そして上司（会議室）に対する説明が容易になります。

理論化とは、「雨だから惣菜を減らす」という経験則に基づいた考え方を、「午後の降水確率が50％以上だったら、惣菜の材料仕入れを15％減らす」というルールにすることです。

そして、物事を数字で捉えて理論化していくことは、素晴らしい副産物を生み出します。それは、**独自の経験則であったノウハウを、「他の領域（他店舗、他部門、他業界）」へも応用可能になるという点です**（図1-18）。

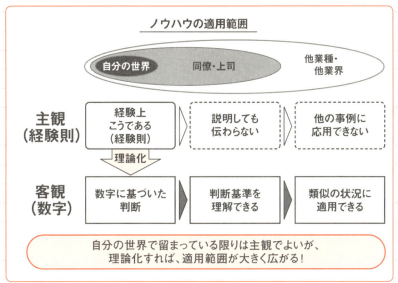

図1-18：経験則で得たノウハウを理論化すれば、適用範囲が広がる

　主観で語っているうちは、経験則の適用範囲は、その経験を得た業務の範囲でしか適用できません。例えば「スーパーの惣菜売場」の経験則は、スーパーの惣菜売場でしか適用できないでしょう。しかし、この経験則を「理論」という形に昇華することで、他の売場、他の店舗、他の業種・業態にも適用することが可能になるのです。

　例えば「化粧品市場では、ある商品の市場シェアが〇割を超えるとその商品の広告効果が△%薄まる」という理論を得たとします。

　このとき、化粧品だけでなく、「『何らかのブランドを継続的に高頻度で買う商品』（例えばボディソープや緑茶など）には同じ理論が当てはまるのではないか」と考えるわけです。

　P.20でコンサルタントの「仮説思考」を紹介しましたが、コンサルタントはこうやって「仮説」を立て、実際に数字を使って検証します。

　このとき「この理論はどの商品に適用できるか」を考えるのは、あくまで主観に基づきます（仮説の立案は、常に主観に基づいて行われます）。一方で、数字を使った仮説の検証は「客観」ですよね。

　こうして「主観」と「客観」を行ったり来たりすることによって、経験則が理論になり、理論が仮説となり、仮説が検証されて、多店舗・他部門・他業界への適用が可能になるのです（図1-19）。

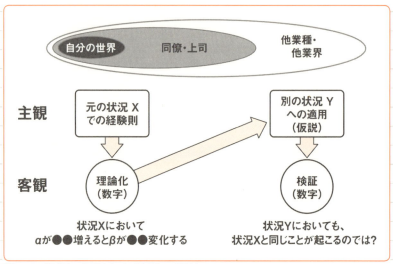

図1-19：「主観」で仮説を立て、「客観」で検証する

　余談ですが、このような「理論の応用」は、コンサルタントが常に考えていることでもあります。コンサルタントは多様な業種・業界をまたいで問題解決に取り組んでいるため、「この問題解決の手法を理論化して、他の業種（業界）に活用できないか」ということを常に模索しているのです。

　業界の違いはもとより、会社が違えば店舗や部門の運営状況は大きく異なります。それどころか、同じ会社の中でも、店舗ごと、部門ごとに様々な違いがありますよね。この違いを乗り越えられるような「理論」を見出せれば、ビジネスの効率は飛躍的に向上するはずです。

　今はいち従業員として現場にいる人でも、いずれは「会議室」に上がっていき、より広い視野で業務を行わなければならない日がくることでしょう。

　そうなった際に、**この経験則を理論化して、異なる状況に応用する力があるかどうかは大きな違いになります**。応用することができる人は、自分の知っている知識、すなわち経験則を活かしつつ、現場から会議室に上がってきている数字を拠り所にして、物事を判断できます。また、違う部門に配属替えになったり、新規事業を立ち上げるというような場合にも、応用がきく人には、活躍のチャンスが絶え間なく訪れるはずです。

　これが、ビジネスにおいて数字とうまく付き合うことの最大のメリットであり、ポイントだと筆者は思っています。

主観と客観を組み合わせると「答え」が変わることがある

　数字で考えることは「客観」ですが、そこに「主観」を交えることで、より現場のニーズに即した数字が導き出せることもあります。

　ここでも、「今日は雨だからお弁当と揚げ物を減らそう」と思考プロセスをショートカットした店長の事例で考えてみましょう。

　例えば、「雨の日の夕方に来店する10代の客は6割減る」「夕方に来店する10代の客の7割が弁当・揚げ物を購入する」「夕方に購入される弁当・揚げ物のうち、10代の購入が占める割合は2割」ということがわかった場合、どのくらい減産すればよいかを「数字」で計算できるはずです（図1-20）。

　まずは客観的に考えてみます。夕方に100人の高校生が来ていたとすると、普段はそのうち70人が弁当・揚げ物を購入していることになりますね（100人×7割）。雨が降ると100人のうち60人が来なくなるので、60人のうちの7割、すなわち「42人」（60人×7割）が弁当・揚げ物を購入しなくなる、ということになります。逆にいうと、残りの「28人」は、弁当・揚げ物を購入してくれることになりますね。

　しかし、本当にこれでよいのでしょうか。ここで店長の主観が登場します。夕方に100人の高校生が来ていて、そのうち70人が揚げ物・弁当を購入するという点は、店長の主観でも変わりません。ただ店長の主観では、その70人は全員「部活帰りの高校生」であり、雨の日に来なくなる60人も、全員が「部

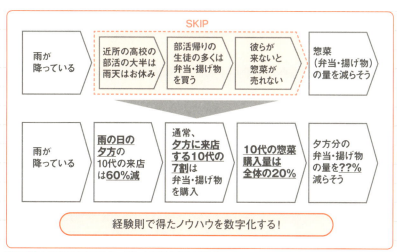

図1-20：思考の途中でスキップした部分を数字で表す

活帰りの高校生」です。

こう考えると、通常70人いるお弁当・惣菜購入者のうち、雨の日は60人もの人数が来店しないことになります。つまりこの場合、弁当・揚げ物を買ってくれる人はたった「10人」ということになるわけです（図1-21）。

このように、「主観と客観を組み合わせる」という考え方が、実際にビジネスの現場において「数字」を用いる際にとても重要になるのです。

仕事ができる人は、数字をうまく使って、周囲の人とコミュニケーションをとっています。また、できる人ほど安易に数字に踊らされず、主観である「勘・経験・嗅覚」をも織り込んで、血が通ったコミュニケーションを実現しています。

少し難しい話も含まれましたが、まずは本章で解説した内容をしっかりと理解してください。これらは、ビジネスで数字を扱ううえでの「大前提」となる部分だからです。逆にいえば、ここまでの内容を理解できたら、数字を扱ううえでの基本姿勢はすでに身に付けたことになります。

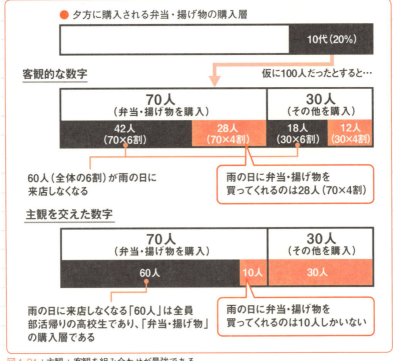

図1-21：主観＋客観を組み合わせが最強である

第1部 ビジネス数字力養成 編

正しい数字の見方・接し方

前章で述べた通り、ビジネスに携わる中で、
避けては通れないものが数字です。
ビジネスのいたる所に、様々な種類の数字が
様々な単位で存在しています。
本章では、それらの数字を
「何のために見るのか」について
考えていきましょう。

数字は「何かに気付く」ために見る！

数字を見る目的は2つある

「数字を見るだけで頭が痛くなる」というような人は多いですが、そんな人は、まず「何のために数字を見るのか」ということを考えてみてください。

数字を見る目的は、大きく分けると2つあります。1つは、「数字を用いて物事を正確に捉えることにより、『気付き』を得ること」、もう1つは「自分の考えが正しいかどうかを数字で『検証』すること」です。

この2つの目的を理解しやすくするために、まずは「数字を見る際にあるべき思考の順序」を紹介しておきましょう。

数字を用いて物事を考える場合の思考順序は、「①気付き」→「②仮説構築」→「③仮説検証」→「④新たな疑問」→「⑤疑問の深掘り」→「⑥気付き（2周目）」という仮説検証モデルで進められるべきです（図2-1）。

下表からもわかる通り、数字を「見る」のは「気付き（①・⑥）」と「仮説検証（③）」の場合だけです。他のSTEPも数字と無関係ではありませんが、それらの作業は数字を目の前にしていなくても、例えば通勤中やお風呂の中で

順序	概要	備考
①気付き	数字から、何らかの気付きを得る	日々数字を見ていく中で、そこから何らかの変化や特異点に気付く。「あれ？」と感じるポイントを見出す
②仮説構築	気付きを基に「仮説」を作る	なぜ、その異変が起こっているのか、特異点の理由は何かを考える
③仮説検証	仮説が正しいかどうかを確認する	発見した「気付き」の原因・理由、すなわち仮説が合っているかどうかを、数字を見ることで判断する
④新たな疑問	検証結果から新たな疑問を得る	仮説の正誤にかかわらず、見落としがないか、あるいは、違う切り口はないかを考える
⑤疑問の深堀り	新たな疑問について深く考える	新たな疑問によって得られた新しい切り口で考える。自分の経験則とは違う視点で物事を捉え直す
⑥気付き（2周目）	数字をより深く見て違いに気付く	疑問を基に、注意深く見る数字を増やしたり、数字の分解単位を細かくしたりして、違和感を探し出す

図2-1：数字を見る場合の思考順序

も考えることはできます。ただ、「気付き」と「仮説検証」の際は、数字と向き合い、腰を据えて数字を吟味する必要があります。

「気付けるかどうか」が大きな分かれ道

一連のサイクルの中で、数字に対する感度の強さが最も顕著に表れるのが「気付きを得る」というSTEPです。

数字を見て「気付ける」人は、その気付きを自分の業務と紐付けて考えることができます。「なぜこの数字なんだろう」という疑問から仮説を立て、その仮説が合っているかどうかを再度数字で検証するという作業も、自然に行えます。

一方、「気付けない人」は、情報を受け流してしまいます。数字を「単なる数字」として眺めてしまい、そこに対して何らかの意味付けをしたり、深く考えたりすることを得意としていません。いくら情報のインプットを与えられても、それを処理できないために、自分で新たな発見をすることが少ないのです。

またこういう人たちは、何か新しいアイデアを思いついたときに、そのアイデアを検証することなく、それに飛び付いてしまう傾向にあります。

目の前に提示された数字と、自分の関わる業務を別々のものであると考えてしまっているために、業務にまつわるアイデアを「数字で検証する」ということに思い至らないのです（図2-2）。

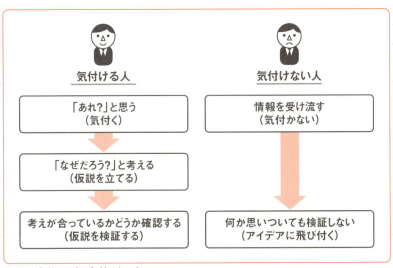

図2-2：気付ける人、気付けない人

気付くためには「基準」が必要

では、どうすれば「気付ける」人になれるのでしょうか。答えは簡単で、「基準を持つこと」です。例えば、あなたが「吉田さんは背が高い」とか「発泡酒は安い」と考える場合、「背が高い」「安い」というのは、何らかの基準に比較した数字ですよね。

「吉田さんの背が高い」という場合は、「自分の身長」を基準としているのかもしれませんし、「発泡酒が安い」という場合は、「ビールの価格」と比べているのかもしれません。こうして「基準」を作ることにより、何かに気付きやすくなるのです。気付きを得るための最初の一歩は、自分で設定した何かしらの基準と比べ、その数字がどうなっているのかを自分なりに解釈することだと理解してください（図2-3）。

ビジネスの現場では、多くの人が、経験則に基づく基準を持っているはずです。例えば「月曜の朝はもっとレジが混むのに今日は少ないな」とか「今月は資料請求をしてくるお客様が多いな」などと感じることがあるでしょう。これも、自分なりの「基準」に基づいた感覚です。

ただし多くの場合、こういった普段の気付きは主観的・感覚的なものです。難しい表現をすれば「定性的なもの」であり、他の人に伝えにくく、他の状況に転用しにくいという問題を抱えています。

そこで大切になるのが、数字に基づいた基準、すなわち「定量的な基準」を設けることです。

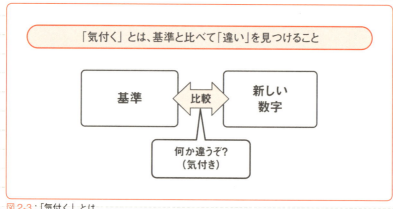

図2-3：「気付く」とは

定量的な基準は、以下の3つのやり方で設定できます。

① 継続的に同じデータを見続ける（自分の中に「定量的な経験則」を作り、それを基準とする）
② 「ある期間」のデータを基準とする（「対象物」を固定して期間を変える）
③ 「比較対象物」を設定して基準とする（「期間」を固定して対象物を変える）

では、それぞれのアプローチについて詳しく見ていきましょう。

基準作り① 継続的に同じデータを見続ける

1つ目の「継続的に同じ数字を見続ける」という方法は、基準作りの「王道」ともいえるアプローチです。同じ数字をずっと眺めると、自分の中で「何となくこういうことなのではないか」と思える数字的な法則を見つけやすくなります。

例えば、日次の売上データを見ていたとしましょう。「平日に比べて週末の売上が下がっているな」というようなことは簡単に理解できます。

そうすると、「きっと次の週末の売上も、平日に比べると低くなるだろう」と予測ができます。そして実際に次の週末に売上が下がっていれば、「やっぱりな」と思うわけです。

ところが週末が終わり、平日になったのに売上が増えていなかったらどうでしょう。「あれ？おかしいぞ」と感じますよね。**これが「普通はこうなるはず」という基準と、実際の数字を比較して気付きを得る、ということです**（図2-4）。

こういう基準は、業務経験を積む中でどんどん蓄積されてきます。ここで非常に大切なのは、数字を毎日見ることにより、主観的な感覚（定性的な感覚）がビジネスの実態に徐々に合致していくということです。数字は嘘をつきません。先ほど例に挙げた「月曜の朝はレジが混む」とか「今月は資料請求が多い」という定性的な感覚も、レジ通過数や資料請求数という定量的な数字で裏付けを取ることで、定量的な基準とすることができるでしょう。

逆にいえば、**「もっとレジが混むはずだ」と思っているのに、客観的な数字であるレジ通過数が普段と同じだった場合には、感覚のほうが間違っているということ**です。

もちろん、その日に「レジ打ちが非常に速いパートさんが入っていて、今日はレジの効率がよいから」ということもありえるかもしれません。その場合は「レジ1台あたりの決済数」を見れば、感覚が間違っているかどうかを確認で

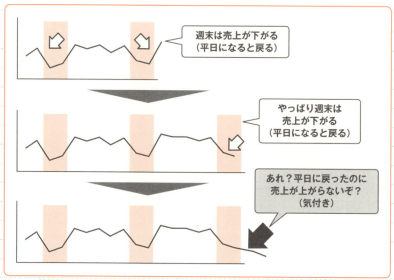

図 2-4：継続的に同じデータを見続ける

きるでしょう。

いずれにせよ、安易な感覚に頼って、「レジが普段よりも混んでいない。ゆえに売上が少ないはずだ」という誤った判断をしてしまうことが一番危険です。

まとめると、**「日々数字を見るという取り組みが定量的な経験則として蓄積され、自身の業務ノウハウを強化できる」「気付きが増えるにつれ、定量的な経験則が多様化・強化される」**という点が、このアプローチのよいところといえるでしょう。

ただし、このアプローチにも課題はあります。**最大の課題は、「基準」が出来上がるまでに多大な時間を要することです**。必要な数字を継続的に入手してそれを見続け、何らかのルールや法則性を見つけることは、口でいうほど簡単ではありません。それなりの時間と労力が必要となることは、容易に想像できると思います。

また、別の課題として、**「経験則が数字によって補強されるために、それが『根強い思い込み』につながりかねない（考えが固定されてしまう）」**という点も挙げられます。

この「根強い思い込み」は非常に危険です。数字は日々移り変わりますし、ある時点での数字で作り上げた「基準」が、未来永劫使えるわけではありません。「基準」は固定的なものではなく、常に更新し続ける努力が求められるのです（図 2-5）。

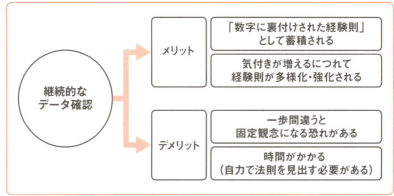

図2-5：継続的に同じデータを見続けるアプローチのメリット・デメリット

基準作り②「ある期間」のデータを基準とする

　1つ目の「継続的に同じデータを見続ける」というアプローチは、いわば「自分の『内側』に基準を作る」というものでした。しかし、「一歩間違うと固定観念になる」「基準を作るまでに時間がかかる」といったデメリットを考えると、自分の内側ではなく「外側」に基準を見出したほうがシンプルだといえます。

　この「外側に基準を作る」という方法が、基準作りの2つ目と3つ目のアプローチ、すなわち「ある期間のデータを基準とする（対象物を固定して期間を変える）」方法と、「比較対象物を設定して基準とする（期間を固定して対象物を変える）」方法です。

　ここからはまず前者、「ある期間のデータを基準とする（対象物を固定して期間を変える）」方法について解説します。

　この方法の考え方は非常にシンプルです。あなたが、ある部門の週次の売上状況をチェックしたとします。当たり前ですが、上がったり下がったりするグラフになっているでしょう。この数字を見るときに、例えば「当月（直近4週間）」と、「比較するための『別の4週間を決める』」のが、対象物を固定して期間を変える（つまり、現在vs過去）というやり方です。一般的には「先月と比べる＝前月比」「昨年の同じ月と比べる＝前年同月比」のどちらかを用いる場合が多いです。

　今回は前年同月比（今が5月なら、昨年の5月と比較する）を例に考えてみましょう。最初に確認すべきは**「比較対象期間（今回の例なら前年同月）」と「当月」の、どちらの売上が大きいか、ということです**。ただ、これだけでは「どう

やら、去年よりも売上が増えているようだ」で終わってしまい、深く掘り下げる価値のある「気付き」を得ることはできません。

そこで、もう少し細かく数字を分解して見ていきます。「商品別に分解して見てみる」というのが王道で、この場合は4週間の売上を、その部門で取り扱っている商品A、B、C、Dに分解してみます。**その結果、比較対象である前年同月と現在でどの商品がより多く売れているのか、あるいは、どの商品は売上を減らしたのか、というようなことを見極められるはずです。**

さらにこれを、売上構成比を示す棒グラフで見てみると、月間売上に占める各商品の比率の変化を視覚的に追うこともできます。これにより、**その部門において、1年前と比べて、どの商品の重要性が増したのか（あるいは減じたのか）を把握することができます。**

図2-6は、比較した結果の事例です。この図のような状況であれば、次のようなことがわかります。

- 部門としての売上は昨年よりも増えている
- 商品Dの増加が目覚ましい
- 商品Cが部門内での重要度を増している
- 商品Bの部門内での重要度が下がっている

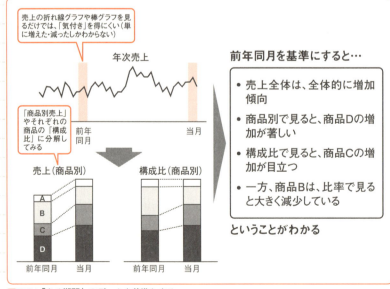

図2-6：「ある期間」のデータを基準とする

このアプローチであれば、ある対象物（同じ部門、同じ商品など）の時系列の数字さえあれば、比較を行うことができます。長い時間をかけて、自分の中に基準を作る必要もありません。任意の「過去」と「現在」を比べるだけですから、いろいろ思い悩む必要もないでしょう。

2つの期間区分の間に、どんな差分があるのかということだけに集中できますので、数字を見ることに不慣れな方には、おすすめのアプローチです。

基準作り③「比較対象物」を設定して基準とする

続いては、基準作りの3つ目のアプローチ、つまり「期間を固定して比較対象物を変える」というやり方です。この方法では、同一期間の同一の数字を用いるため、見るべきポイントがシンプルになります。

図2-7を見てください。ここでは、自分が担当している支店と、その他にA～Dの4つの支店の4つの売上情報があるとします。

まずは全体観を捉えるために、支店ごとの売上を比べてみましょう。D支店が一番売上が大きく、B支店が一番小さいことがわかります。担当支店とA支店、C支店の3つは似たり寄ったりですね。

続いて、商品別に分解してみましょう。そうすると、D支店は既存商品の売上が非常に多いことがわかります。新商品はほとんど売上がありません。

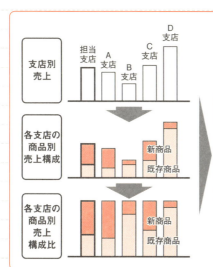

図2-7:「比較対象物」を設定して基準とする

新商品の売上だけに限ってみれば、**担当支店とA支店、C支店が非常に頑張って販売していることが読み取れます。**

　この傾向は商品別売上構成比の棒グラフで確認すれば、より顕著になります。B支店とD支店は、大半が既存商品の売上なのに対して、担当支店、A支店、C支店は、新商品の割合が大きいですね。さらに、担当支店とA支店が、C支店よりも新商品の販売に力を入れているらしい、ということも見えてきます。

　こうして他の支店と比べてみることで、自分が担当している支店の状況を客観的に判断できます。これが「比較対象物を設定して基準とする」というやり方の一例です。

　こうして比べてみれば、**「担当支店が全体の中でどういう位置付けなのか」を理解することができます。**担当支店の売上が大きいのか小さいのか、新商品の比率が高いのか低いのか、そういうことが初めてわかるわけですね。

　このやり方も、「他の支店」という基準を持ち、「自分の担当支店の間にどのような違いがあるか」に注目するため、ノウハウを蓄積するための準備期間が必要ありません。複数の支店(あるいは、複数の部門や複数の商品)の数字を集めることができるならば、すぐに使える比較手法です。

　ただ、「自部門」と「比較対象となる他部門」、あるいは「自店」と「比較対象となる他店」、「担当商品」と「比較対象となる他商品」といったように、比較対象物が複数に増えることには注意が必要です。

　数字さえ集まってしまえば、やることは時系列の比較とさして変わりませんが、数字を同じ粒度で集めようとすると、意外と大変なのです。慣れるまでは、あまり比較対象物を増やさないようにしてください。

「基準と違う」だけでは「気付き」ではない

　ここまで解説した通り、「継続的に同じデータを見続ける」方法よりも、「ある期間のデータを基準とする」方法や「比較対象物を設定して基準とする」方法のほうがシンプルなアプローチです。ただ、1つだけ気を付けてほしいことがあります。

　後者2つのアプローチは、**「違い」を認識するに留まって、「気付き」を得るには至っていないということです**(図2-8)。

　基準を用意してそれと比べるだけでは「違うという事実」を発見するだけで終わってしまいます。これだけでは「気付き」とはいえません。

この「違い」に着目して、「何かおかしいのではないか」「普通とは違うことが起こっているのではないか」と考えることができるかどうか、いい換えれば**「違和感を抱けるかどうか」**が、気付きを得るための最大のポイントなのです。

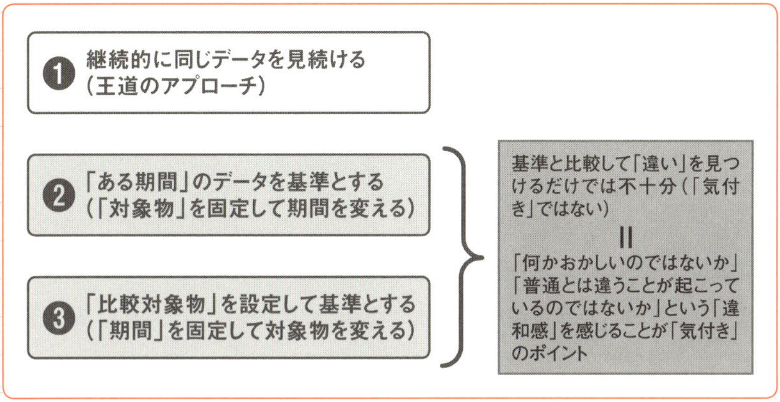

❶ 継続的に同じデータを見続ける
（王道のアプローチ）

❷ 「ある期間」のデータを基準とする
（「対象物」を固定して期間を変える）

❸ 「比較対象物」を設定して基準とする
（「期間」を固定して対象物を変える）

基準と比較して「違い」を見つけるだけでは不十分（「気付き」ではない）
＝
「何かおかしいのではないか」「普通とは違うことが起こっているのではないか」という「違和感」を感じることが「気付き」のポイント

図2-8：基準ができても「気付ける」とは限らない

「似ている（違う）」はずのものを比べると「気付き」につながる！

手順を守れば「気付き」にたどり着ける

　気付きを得るためには「基準」を持つことが大事であること、ただし「違い」を見つけるだけでは「気付き」とはいえず、気付きを得るためには「違和感」を感じることが重要だと解説しました。ではここからは、「気付き」を得るためのアプローチについて、もう少し詳しく解説しましょう。

　図2-9は、気付きを得るための手順をまとめたものです。これを見ればわかる通り、最初にやるべきは、当然ながら比較の大前提となる「数字」をそろえることです。その際は、**「数字の種類をそろえること」と「数字の分解単位をそろえること」を忘れないようにしてください**。

　数字の「種類」と「分解単位」については、第1章でも解説しました。「種類」というのは「売上なのか、利益なのか、コストなのか」あるいは「顧客1人あたり売上なのか、顧客単価なのか」といった数字の構成要素の話。一方「分解単位」というのは、「商品別」「部門別」などの粒度を表すものです（当然ここでは「年単位」「月単位」「週単位」といった時間軸の分解単位も含まれます）。

　1章でも触れた通り、これらの定義がしっかりとそろっていないと、数字が共通言語にならず、客観的に比較することができません。

　「数字をそろえる」という事前準備ができたら、次のSTEPに進みます。それが、**「似ている（違う）はずのものを比較対象に選ぶ」**という部分です。**実はこれが、「気付き」を得るための最大のポイントです。**

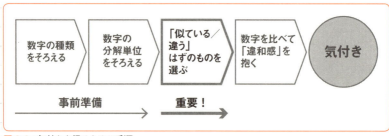

図2-9：気付きを得るための手順

似ている（違う）「対象物」を比較して気付く

　本来似ているはずのもの同士を比べた結果、思ったほどには似ていなければ、「おかしいな」と思いますよね。

　反対に、本来違う（似ていない）はずのものを比べた結果、もしその２つが似ていた場合にも、きっと驚くことでしょう。

　例えば男性と女性の「似ているはずのもの」「違うはずのもの」を考えてみましょう。様々なものがあると思いますが、例えば男女の似ているはずものとして、「知力」を挙げられるでしょう。

　一般的に「男性は女性に比べて知力が劣っている」とか、「男性は女性より知力が優れている」ということはないはずです。差があるにしても、それは性別によるものではなく、個人差によるものでしょう。

　しかし研究の結果、**「女性と男性の間には明らかな知力の差がある」ということがわかったとしたらどうでしょう**。きっと非常にセンセーショナルな事実として大きく報じられるでしょう。つまり「大きな驚き」がそこにはあるわけです。

　「違うはずのもの」も考えてみましょう。男性・女性で「違うはずのもの」として、「体力」を挙げることができます。多くのスポーツは男女別にわかれていますが、これは男女では骨格の作りや筋肉量が異なる、すなわち「体力」に差があるという前提があるためです。

　しかし「実は男性と女性で体力的な差はない」という研究結果が出たら、これまた「常識を覆すニュース」として扱われることでしょう。**これが「そうあるはず」という前提を覆されたことによる「違和感」であり、「気付き」のタネです**（図2-10）。

　話を数字に戻しましょう。図2-11を見てください。これは、あるお菓子屋さんの１年間の月別売上推移です。

　左側のグラフは、「A店のチョコレートの売上」と「同じくA店のケーキの売上」を比較しています。見ればわかる通り、チョコレートは２月、ケーキは12月の売上が高いですね。２月にチョコレートの売上が上がるのはバレンタインの影響が大きいのでしょう。一方12月にケーキの売上が上がるのは、クリスマスシーズンだからでしょうね。

　この２つのグラフを見比べて、「チョコレートとケーキでは売れている時期が違う！」といっても、誰も驚きません。チョコレートが２月によく売れ、ケーキは12月によく売れるのは当然のことだからです。**つまり、「もともと違うはず**

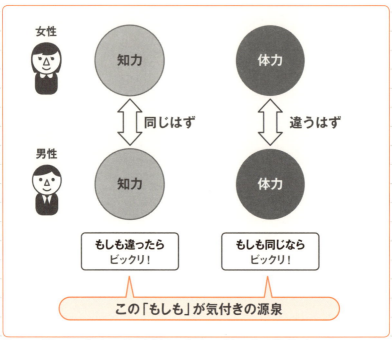

図2-10:「似てるはずのものが違う」「違うはずのものが似てる」が「気付き」

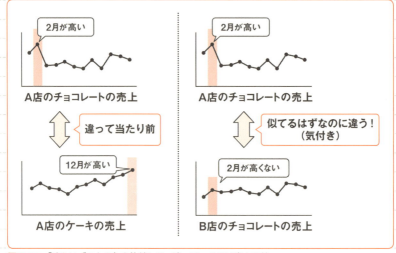

図2-11:「違うはずのもの」を比較して、違っているのは当たり前

のもの」を比べても意味がないわけです。

　では、今度は右側のグラフを見てください。こちらは、A店のチョコレートの売上と、B店のチョコレートの売上を比較したものです。

　普通に考えれば、両店ともバレンタインがある「2月」の売上は上がっているはずです。ところが、B店では2月の売上があまり伸びていません。

　こうなると「同じはずのものが違う」わけですから、違和感を抱かざるを得ません。B店は、バレンタイン商戦で何か大きな失敗をしたのでしょうか。あるいは、改装工事などで商機を逸してしまったのでしょうか。そんなことに思いを巡らせてしまいますよね。**これが、「似ているはずのものを比べることによる『気付き』」の例**です。

　逆に、「違うはずのもの」が同じだったら、それもまたビックリですよね。今回の例でいえば、「チョコレートが12月にメチャメチャ売れている」とか「ケーキが2月に売れまくっている」という場合です。本来チョコレートとケーキの売れ方は異なるはずなのに、**両者の売れ方が非常に似通っていれば、「何か常識と違うことが起きている」**とに考えることができます。

　実はこのアプローチは、P.63で紹介した「『比較対象物』を設定して基準とする」というやり方の延長です。「似ている（違う）はずの『比較対象物』」を設定して比較し、「気付き」を探し出したわけですね。

　なおこの考え方は、同じ商品・部門について「期間を変えて比較する」という場合にも同様に適用できます。次にその点を解説します。

似ている（違う）はずの「期間」を比較して気付く

　先に触れた通り、「2月はチョコレートが売れる」という場合に、2月の売れ行きと12月の売れ行きを比べてもあまり意味がありません。なぜならば、それは似ていなくて当たり前だからです。

　よって、こういう季節変更がある商品の場合には、「前年同月」と比べなければなりません。つまり、**「似ているはず」の期間同士で比較するわけですね。**

　そうすれば、「今年2月の売上は昨年2月に比べて増えたのか・減ったのか」という視点を持つことができます。また、そうやって比べてみると「去年は今年の1.3倍売れていた」とか「去年は1月よりも1.8倍に伸びているが、今年は1月の1.4倍に留まっている」といった事実が見えてくるかもしれません。

　こういうことがわかれば、「本当はもっと売れていてもいいのではないか」という「違

和感」を抱くことにつながります。

あるいは、本来は「似ていないはずの期間」を、「似ていないだろう」という前提で比較してみると、思わぬ発見があるかもしれません。

先ほど「あまり意味がない」と断じてしまったチョコレートの2月売上と12月売上の比較ですが、さらに細かい商品別内訳まで分解して比べてみると、違う景色が見える可能性があります。

例えば、「生チョコ」の売れ行きは確かに2月のほうが圧倒的に多いけれど、「チョコレート菓子」に関してはなぜか2月も12月も全く変わらない、という具合です。

本来はチョコレート菓子も、12月より2月のほうが売れるはず。なのに同じであるというのは、**「違うはずのものが同じ」**ということですから、**「バレンタインには生菓子しか売れないのかもしれない」とか、「これはA店独自の事情があるせいかもしれない。他店も調べてみよう」**というようなことを考えるきっかけになるはずです（図2-12）。

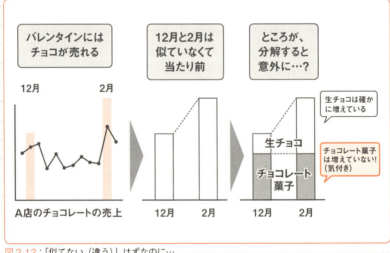

図2-12：「似てない（違う）」はずなのに…

03 比較は「引き算」と「割り算」で行うべし！

　ここまでは、「気付き」にたどり着くための手順を紹介してきました。ところで、これまで何度も「比較する」という言葉が出てきましたが、漫然と比較してもよい気付きは得られません。そこでここからは、数字を比較する際の「コツ」を紹介しておきましょう。

　大きく捉えると、**「比較」は引き算で考える場合と割り算で考える場合があります**。この2つをしっかりと使っていくだけで、大半の「違い」を把握できます。

　大まかにいえば、引き算は「絶対値」、割り算は「相対値」で比較していることになります。

　まず引き算での比較を見てみます。売上が100万円の店と120万円の店において、売上の差は「120 − 100」で20万円ですね。同様に売上が1,000万円の店と1,020万円の店の場合にも、この2者の売上の差は「1,020 − 1,000」で20万円です。**つまり、「違いの大きさは同じ」ということがわかります**。これが、絶対値で比べるということです。

　一方、割り算はどうでしょう。上記の例でいえば、100万円の店と120万円の店は、「120 ÷ 100」で1.2倍となりますので、「20%の差がある」ということがわかります。一方、1,000万円の店と1,020万円の店の場合は、「1,020 ÷ 1,000」で1.02倍となり、「2%の差がある」という結果になりますね。**つまり相対値で比べると、「違いの大きさに差がある」ということになるわけです**。

　この2つの考え方を理解し、状況に応じて使い分けることが重要です。なぜなら、**「対象物」と比較する場合と、「期間」を変えて比較する場合では、引き算と割り算の位置付けが変わるからです**。

　「引き算」の場合、対象物との比較においては「差分（どれだけの差がそこにあるのか）」を見ていることになります。一方、期間を変えて比較する場合は、時系列で「変化の量（どれくらい増えたか／減ったか）」を見ています。

　一方「割り算」の場合は、対象物の比較では「比率（どちらがどれだけ多いか）」を見ています。一方期間を変えて比較する場合は、時系列での「変化率（どれだけの割合変化したのか）」を見ていることになります（図2-13）。

　1つ注意すべきは、「期間」で比較する場合は、「基準」は必ず「過去」に

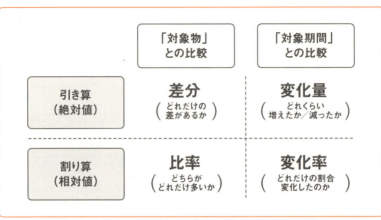

図2-13:「対象物の比較」と「期間の比較」では引き算・割り算の位置付けが変わる

なるという点です。ビジネスの場においては、過去よりも現在が大事ですから、**「今年（現在）は、前年（過去）に比べて絶対値・相対値で、どれだけ増えたか・減ったか」という見方をすることになります。**つまり、常に「現在－過去」、「現在÷過去」という計算式になるわけです。

　一方、「対象物」を比較する場合は、比較対象（例えば「自店」と「競合店」）のどちらを基準にしても構いません。ビジネス的にどちらで語りたいかによって変わります。「自店は競合店よりも◯◯万円多く販売している」と表現するか「競合店のほうが、自分の店よりも◯◯万円少ない」と表現するかは、課題の認識などによって変わるはずです。競合店に売上で勝っていることを強調したいならば「自店のほうが多い」と語るべきでしょうし、競合店のコスト構造などに見習うべき点があるならば、「競合のほうが売上が低い」と語るべきでしょう。

　この表現は、引き算（絶対値）で語っているうちは、自店と他店のどちらを基準としても大きな違いはありませんが、**割り算（相対値）で語る際には大きく変わってくるので注意が必要です。**

　例えば「80」と「104」という数を比べる場合、80を基準にすれば104という数は「1.3倍」の数字です（104÷80=1.3）。つまり両者の違いは30％ということになります。一方104を基準にすると、「80」という数字は「0.77倍」の数字です。（80÷104=0.77）つまり両者の違いは23％となります（0.7にはなりません）。

　これは、算数の問題として考えるならば当たり前に気付くはずのことなのですが、**ビジネスの現場では、見過ごされていることが多いです。**売上向上の打ち手

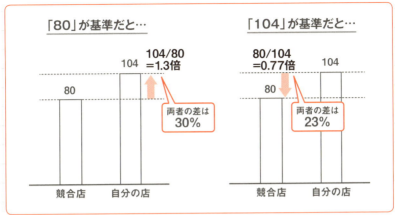

図2-14：割り算は「どちらが基準か」が大事

を考える際に、数値目標が23%UPなのか30%UPなのかは大きな違いですよね。よって、割り算で比較するときは、**自分たちが「どちらを基準にして話しているのか」**を明確に意識しておかなければなりません（図2-14）。

「比較結果」同士の比較が面白い

　二者を比べる際の方法は上記の通りですが、ここからもう一歩踏み込んで考えてみましょう。**「比較した結果同士」**をさらに比較してみるのです。

　例えば、日本にもアメリカにも複数のお店を出店しているレストランがあったとします。東京店は1日80万円の売上があり、大阪店は60万円の売上があります。一方アメリカのニューヨーク店の売上は72万円で、サンフランシスコの売上は58万円です。

　この場合、引き算で比較すると東京vs大阪は20万円の差で、ニューヨークvsサンフランシスコは14万円の差となります。割り算で比較すると、東京は大阪の1.33倍で、ニューヨークはサンフランシスコの1.24倍です。引き算で比較しても割り算で比較しても、「東京と大阪の違い」のほうが、「ニューヨークとサンフランシスコの違い」よりも大きいことがわかりますね。この数字だけを見ると、「大阪が東京に追いつくほうが、サンフランシスコがニューヨークに追いつくよりも難しそうだな」ということになると思います（図2-15）。

　さて、このレストランが、今度は店舗サイズを小さくした新業態のお店を名古屋と博多に出店しました。名古屋店の1日の売上は21万円、博多店は14

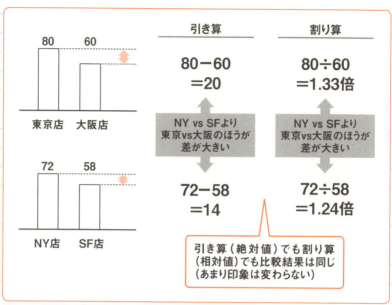

図2-15：規模感が「同じ」場合、引き算の比較でも割り算の比較でも印象は変わらない

万円です。こちらの違いを比較すると、引き算では名古屋 vs 博多の差は「7万円」、割り算で比較すると、名古屋 vs 博多の差は「1.5倍」となりますね。

引き算で見ると、名古屋と博多の差（7万円）は、東京と大阪の差（20万円）よりも小さいです。20万円と7万円ですから、約3分の1ですね。**しかし割り算で見ると、「違い」の大きさが逆転します**。東京は大阪の1.33倍であるのに対して、名古屋は博多の1.5倍になっています（図2-16）。

こうなると、大阪店が東京店に追いつくのが難しいのか、博多店が名古屋店に追いつくのが難しいのか、判断が難しくなります（個人的には、比率で1.5倍にするほうが難しいように思います）。

このように、**比較した結果同士を比べようとするときには、引き算（絶対）で見るか、割り算（相対）で見るかが、非常に大事な要素になるのです**。

比較結果を比べる際、「東京店 vs 大阪店」と「ニューヨーク店 vs サンフランシスコ店」のように規模感が近い比較を対象とするのであれば、引き算（絶対値）で見ても、割り算（相対値）で見ても、大きく印象が変わることはありません。

しかし、「東京店 vs 大阪店」と「名古屋店 vs 博多店」のように、**規模感が異なる比較同士を並べてみるときには、「相対値」で確認することの重要性**が増すわけです。

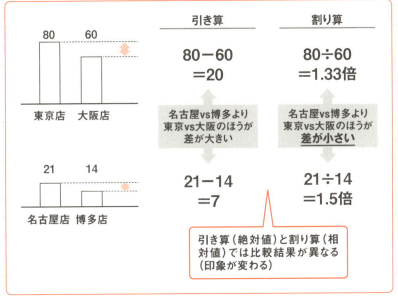

図2-16：規模感が「異なる」場合、引き算の比較と割り算の比較では印象が変わる

比較の「落とし穴」に気を付ける

「規模感が違うもの同士を比較する場合、相対値による比較の重要性が増す」といいましたが、当然ながらそれは、「相対値だけを見ればよい」という意味ではありません。**相対値を見る前に、必ず絶対値もチェックするべきです。**

相対値だけを見て判断していると、本来、数字が示しているものを正しく読み解けない可能性があります。CMで「ゴミが溜まっても吸引力が落ちない唯一の掃除機」などという商品を見かけることがありますが、これを相対的なグラフで示すと、「ゴミが溜まっていない状態の吸引力を100%として、そこからゴミが溜まるにつれてどうなるか」を表現することになります。その場合、他社の吸引力がどんどん落ちていくのに対して、その会社の掃除機は「ゴミが溜まっても吸引力がほとんど変わらない」というグラフになりますね（図2-17）。

しかし、このグラフを絶対値に直すとどうなるでしょうか。**ひょっとすると「確かに落ちていないけど、もともと低い」ということがあるかもしれません。**相対値だけを見ていると、この情報に気付かずに終わることがあります。

筆者もかつて、有名な経営者が講演で「この新興産業は爆発的に伸びている。その成長率は旧来からある産業の成長の比ではない」とグラフを用いて説明し

ているのを聞いたことがあります。しかし、**「絶対値で見るとどうなのかな?」と思ったものです。**ひょっとすると「確かに爆発的に伸びてはいるけれど、絶対値で見るとまだまだ旧来の産業に追いつきそうにない」ということがあるかもしれません(図2-18)。

このように、相対値だけで情報を見てしまうと、誤った印象を持ってしまうリスクがあります。**常に「まずは絶対値で情報を把握する」ことを心がけ、そのうえで「相対値を使って、何か『違和感』がないかをチェックする」という順番で数字に触れるようにしてください。**

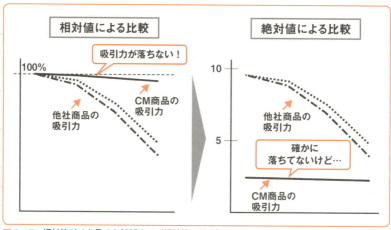

図2-17:相対値だけを見ると誤解する(掃除機の場合)

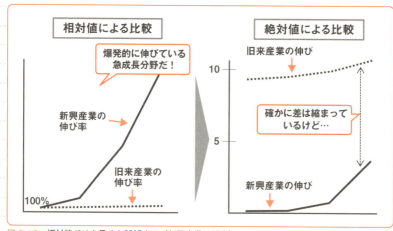

図2-18:相対値だけを見ると誤解する(新興産業の場合)

04 グラフは「棒グラフ」と「折れ線グラフ」だけ覚えればOK！

主に利用されるグラフは5種類

　これまで「数字を扱う」とか「数字を見る」という表現を用いてきましたが、こういう行為は一般に「データ分析」とも呼ばれます。非常に広く普及している言葉ですが、言葉の用法として、データ「を」分析するのか、データ「で」分析するのかということさえ、明確に定義できていない言葉だと感じています。（ちなみに筆者の理解では、ビジネスにおいてはデータ「で」分析する、であるべきだと思います。）

　「データ分析」というと、様々なテクニックを用いてデータを加工することだと持っている人がいるかもしれませんが、一般的なビジネスの現場に限れば、そんなに難しいことに取り組む必要はありません。

　例えば、比較をビジュアル化して分析する際の王道はグラフ化することですが、ビジネスの現場で主に使われるグラフは、「棒グラフ」「折れ線グラフ」「散布図」「円グラフ」「面積グラフ」の5種類だけです。

　この5種類のグラフを覚えておけば十分ですが、もっといえば、**筆者は「棒グラフ」と「折れ線グラフ」だけ覚えておけば、実務において困ることはほぼないと思います**（図2-19）。実際本書の解説でも、ここまで棒グラフと折れ線グラフし

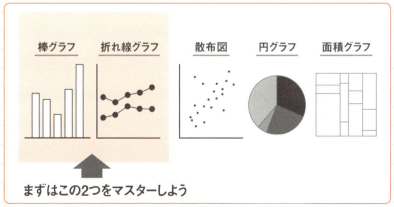

図2-19：主に使われるグラフは5種類。まずは「棒グラフ」と「折れ線グラフ」をマスター

か使っていません。なぜ2種類だけでよいのかを説明するためにも、まずは5種類のグラフの特徴と主な利用シーンを簡単に紹介しておきましょう。

棒グラフは「量」を見るのに適している

　棒グラフは「幅」がありますので、視覚的に「量（ボリューム）」を表現するのに適しています。人間の目というのは案外いい加減なので、線の長さだけで「量の多さ」を表現しても、直感的にわかりにくいことがあります。その点、棒グラフは「幅」があり、長さだけでなく「面積」を持ちますので、直感的に「量」をイメージしやすいのです。

折れ線グラフは「推移」を見るのに適している

　折れ線グラフは、「推移」を見るのに適しています。<u>よって、横軸には「時間」を置いておくのが順当です</u>。また、折れ線グラフは、「量ではないもの」を表すのにも適します。例えば「利益率」のような項目は「量」ではないため、棒グラフで描くと違和感があります。こういったものは、折れ線グラフで示したほうがよいでしょう。

散布図は「相関関係（分布）」を見るのに適している

　散布図は、「相関関係」や「分布」を見るのに適しています。散布図を作った際に「点のカタマリ具合」が直線や曲線になりそうであれば、それは相関関係がある可能性が高いです。なお、散布図で各要素の関連性を「配置（座標）」で表現したうえで、各点の円の大きさで「量」を表している図を時々見かけますが、いいたいことがボヤけるので、あまりおすすめしません。

円グラフは「割合（比率）」を見るのに適している

　円グラフは、「割合」を示すのに適しています。円が100%（もしくは1.0）を示しているので、半円ならば50%（もしくは0.5）ですし、1/4円なら25%（もしくは0.25）を意味しますね。このように、見る人に割合の大小を直感的に理解させるのに円グラフは最適です（一般に、割合は「大きい順」に並べることが多いです）。

　ただし、時々大きさの違う円グラフを複数並べて「サイズの違い」も表現しようとするケースを見かけますが、わかりづらくなるのでおすすめしません。上述したように人間の視覚はいい加減ですから、「円の大きさを視覚的に判断

する」のが案外難しいからです。また、「右の円の大きさは、左の円の何倍なんだ？」などと、見ている人に余計な疑問を抱かせることになります（結局、グラフ中に書いてある数字を読んで判断することが多いです）。

面積グラフは「量と割合」の両方を一度に俯瞰するのに適している

面積グラフは、棒グラフを複数くっつけたような形をしています。棒グラフの「各要素の縦の長さ」および、それぞれの棒グラフの「横幅の長さ」が、どちらも「量」を示しているわけです。このグラフによって、「どの要素がどの程度大きいのか（量と割合）」を示しやすくなります。

ただし、何度もいうように人間の視覚はいい加減なので、例えば長方形と正方形のどちらの面積が大きいかを瞬時に判断するのは困難です。そのため、見ている人に「何かを判断させたい」というときには、かえってわかりにくくなってしまう恐れがあります。

「気付き」を得たいときはシンプルなグラフで

5種類のグラフの概要をざっと説明しましたが、棒グラフと折れ線グラフの2つは、5つの中でも特にシンプルな構造であることがわかります。

棒グラフ・折れ線グラフは、基本的に軸の1つが固定されています（棒グラフであれば縦軸は常に「量の大きさ」、折れ線グラフであれば横軸は常に「時間の流れ」）。ですから、もう一方の軸が何を意味しているのかだけ理解すれば、そのグラフの示しているものを理解できます。

つまり、見る人が「すぐに内容の話に入ることができる」わけです。

一方、散布図は「位置関係・配置」を考える必要がありますし、円グラフや面積グラフは、「面積」について読み解いていく必要があります。こうなってくると、話に入る前に「それぞれの軸や配置が何を意味しているのか、それぞれの面積はどのくらいかを読み解く」という作業が必要になります。

ですから、数字を扱って「違い」を検知し、何かに「気付く」ことを目的とする際は、極力「棒グラフ」「折れ線グラフ」で考えていくことをおすすめします。**無理に複雑なグラフを用いて考えるのは、多くの場合「効率が悪いやり方」です**。まずは、シンプルな棒グラフ・折れ線グラフを使って、いろいろな数字を、いろいろな単位で比較していくべきです。

こういうと、「では、散布図や円グラフや面積グラフはいつ使うの？」と思

われる人もいるでしょう。

　これらのグラフは、「報告資料」を作るときには遠慮なく使ってください。「気付き」の内容を、誰かに共有しようとする際には、散布図、円グラフ、面積グラフを使えば、伝えたいメッセージをより明確に、誤解なく伝えることができます。

　つまりこれらのグラフは、自分自身が何かに「気付く」ためというより、「誰かに説明し、**伝えたいことを理解してもらいたい**」ときに、より効果を発揮するわけです（図 2-20）。

　まずは棒グラフ・折れ線グラフを見て「気付き」を得る。同僚や上司に報告する際は、（必要に応じて）散布図や円グラフ、面積グラフに加工する。このやり方が、最も効率的だと思います。

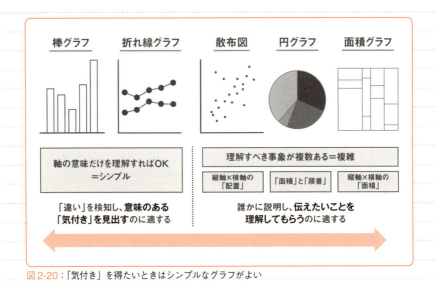

図 2-20：「気付き」を得たいときはシンプルなグラフがよい

05 棒グラフ&折れ線グラフを使いこなせ！

　数字をグラフ化して「気付き」を得たい場合、無理に複雑なグラフを使うのではなく、極力「棒グラフ」「折れ線グラフ」で考えていくべきだという話をしました。ここからは、その棒グラフと折れ線グラフの使いこなし方について紹介することにします。まずは棒グラフからです。

　先に触れたように、棒グラフは、「量（ボリューム）」を表現するのに適しています。ですので、**棒グラフの縦軸は、常に「量の大きさ」**です。棒が高ければ高いほど「量が多い」ということを示します。棒グラフを作成したり読み解いたりする際には、「横軸を何にするか」あるいは「何を意味しているか」ということだけ考えればよいわけですから、非常にシンプルですね。

　では、棒グラフの「横軸」には何が入るのでしょう。**横軸の代表的な例を挙げると「要素」「時間」「範囲」などが挙げられます**（図2-21）。

　「要素」というのは、「支社・支店」「商品・商品カテゴリ」など、「比較したいカタマリ」です。例えば「A店・B店・C店」のように横軸の要素に「支店」

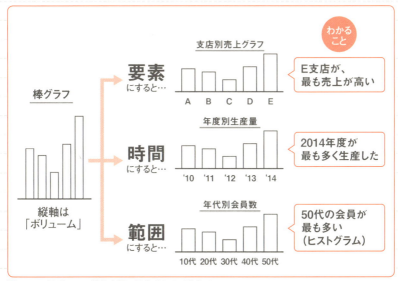

図2-21：棒グラフの横軸次第で見えるものが変わる

を並べ、縦軸を「売上の量」とすれば、その棒グラフで「C支店は一番売上が少ない」「E支店は一番売上が多い」などということがわかります。

一方、「時間」を横軸に取ると、「推移」を追うことになります。縦軸に「生産量」を置けば、「いつ、どれくらい生産したのか」を示すグラフになります。「2014年が一番多く生産した」「2012年の生産が一番少なかった」という具合ですね。余談ですが、時間の単位は業種や状況に合わせて適宜調整します。コンビニの来店者数なら、「日別」や「時間帯別」とすべきでしょう。

最後の「範囲」は、統計に用いられるヒストグラムと同じです。横幅を「範囲」とし、高さにはその範囲に含まれる「数」を示します。図2-21の例では、横軸を「年代の範囲」とし、縦軸はそれぞれの「登録会員数」を示しています。これにより、「50代の会員が一番多い」というようなことがわかるわけですね。

ここまでは「当たり前のこと」と思う人もいるかもしれませんが、実際にはこの当たり前のことを認識できていない人も大勢います。

棒グラフだけでも、様々な分析を行うことができます。例えば、図2-21に示した支店別売上をさらに詳しく分析したいときは、どうすべきでしょうか。**このとき役に立つのが、「積み上げ棒グラフ」と「100%棒グラフ」です**（図2-22）。

例えば各支店の売上の「内訳」、すなわち「どういう商品で売上が構成されているのか」や「どういう客層が購入しているのか」を調べたいときは、「積み上げ棒グラフ」を用います。**これにより、各支店のビジネスの構造を明らかにすることができます。**

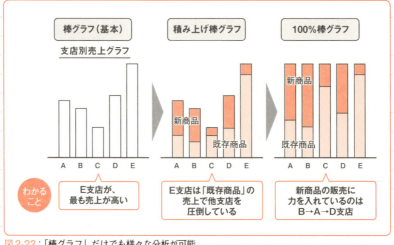

図2-22：「棒グラフ」だけでも様々な分析が可能

一方、各支店の売上の「構成比」を知りたいときに使うとよいのが「100%棒グラフ」です。

売上が小さい支店でも、頑張って「本部の意向に沿って新商品を売っている」ということがわかれば、既存商品を大量に売っている支店よりも、会社としては評価すべきかもしれません。あるいは、新規顧客とリピーターの比率で分解したとすると、新規顧客をたくさん獲得している支店は「営業活動を頑張っている」と考えることができますね。また一方で、「リピーターの比率が少ないのはサポート体制などに何らかの問題を抱えているのかもしれない」などと読み解くこともできます。

この考え方は、自社会員の男女比率、あるいは年齢構成比の話であっても同じです。**いろいろな分解単位を組み合わせることで、無限ともいうべき切り口で分析することが可能です**。その無限に存在する組み合わせの中から「筋のよさそうなものから順」に「積み上げ棒グラフ」→「100%棒グラフ」を見ていけば、面白い発見にたどり着けることでしょう。

このように、順を追ってしっかりと分析を進めていけば、棒グラフだけでも、十分に「深い洞察」を得られるのです。

折れ線グラフを使いこなす

続いて、折れ線グラフの使い方も紹介しておきましょう。折れ線グラフは、「推移」を表現するのに適していますから、**横軸は常に「時間の流れ」です**（その時間軸は左から右に流れます）。また折れ線グラフを用いた比較では「複数の線を引いて比較する」ことが大事ですので、**「何を線で表すか」ということをしっかり考えなくてはなりません**。基本的には、「何らかの数字で大小が示せるもの」を置くべきです。

「何を線で表して比較するか」ということですが、代表的なものとしては「同じ数字（会社同士、部門同士、商品同士）を比較する」「似た概念＝関連性が高そうなもの（販売数と利益率、人口とGDP）を比較する」「違う概念＝一見関係なさそうなもの（気温と来店客数、アルコール摂取量と寿命）を比較する」などを挙げることができます。それぞれの例を図 2-23 に示します。

これを見ればわかる通り、A社とB社の利益率という、「（対象は違うが）同じ数字」を比較する場合には、シンプルに、どちらがより大きいかを比べていることになります。

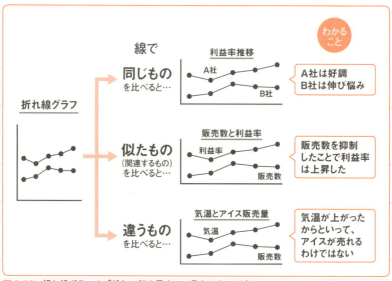

図2-23:折れ線グラフの「線」で何を示すかで見えるものが変わる

　一方、販売数と利益率のような「似た概念（数字の成り立ちからして、密接に関係があるもの）」を比べると、2者間の相関関係や因果関係を読み解くことにつながります。これは「気付き」を得る際に、非常に使いやすいですね（P.66で紹介した「似ているはずなのに似ていない」という違和感を得やすい、ということです）。

　最後に図2-23の例では、「気温と販売数」という、「一見すると関係がなさそうなもの」を比較しています。このような場合も、折れ線グラフは便利です。関係があるのかないのかを、グラフが描く波形を見ることで直感的に理解できるからです。

　ところで、**折れ線グラフで数字を比較する際は、「基準点」という考え方を持ち込むと、見方が変わります。**

　図2-24の左のグラフを見てください。利益率の推移を折れ線グラフで示したものですが、これを見るとA社が好調で、B社が伸び悩んでいるように見えます。

　しかし、最初の年＝2010年度を「基準点」として「変化率（基準点からの変化の大きさ）」を見ると、グラフのメッセージは大きく変わります。それを示したのが右のグラフです。B社は、目覚ましい利益率改善を果たしていますが、A社は（もちろんもともと高い水準だから、ともいえるのですが）そ

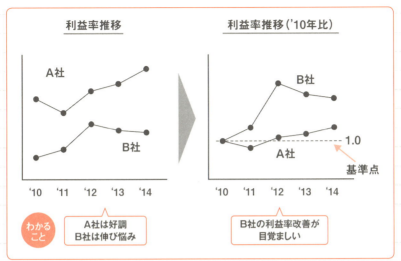

図2-24：「基準点」を置き、「基準点からの変化率」を見ると、見えるものが変わる

れほど伸びてはいないということがわかります。

これが「基準点」で折れ線グラフを見るというやり方です。

棒グラフと折れ線グラフを組み合わせる

ここまで棒グラフと折れ線グラフの見方・使い方を紹介してきましたが、この両者を組み合わせるという方法も有効です。

図2-25 の上図を見てください。縦軸を「大きさ」、横軸を「時間」とし、「売上」を棒グラフで、「利益率」を折れ線グラフで示しています。この図を見ると、時間推移に沿って、複数の因子（この例では「売上」と「利益率」）がどのように動いたかということがすぐにわかりますね。**このように、横軸が「時間」の場合には、「量」を示す棒グラフとの相性がよいのです。**

一方、図2-25 の下半分は**横軸を「時間」ではなく「要素」としており、「折れ線グラフの横軸は時間」という基本思想から外れてしまっています。**

棒グラフ単体で見ると、横軸に「要素」が並んでいても違和感がないのですが、折れ線グラフが入った瞬間に、かえってわかりにくいものとなってしまいました。

下の図がわかりづらいものとなったのは、「売上」「利益率」「支店」という3つの要素を折れ線グラフと棒グラフで示そうとしたのが原因です。このような

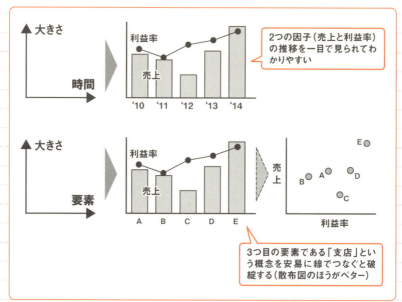

図2-25:棒グラフと折れ線グラフの併用

場合(横軸が要素になる場合など)は、「散布図」を使うと、3つの因子の関係性が一気にクリアになります。

「棒グラフと折れ線グラフだけで十分」と述べましたが、当然ながらそれは、「散布図は使うな」ということではありません。必要があれば、当然散布図を使っても構いません(「むやみやたらと使う必要はない」というだけのことです)。

ここまで棒グラフと折れ線グラフの見方を解説してきましたが、「散布図などを無理やり使う必要はない」というのと同様に、何もかもを棒グラフや折れ線グラフで示す必要はありません。

例えば、「気付き」を得るための最初の一歩は、「表」でも、十分だったりします。図2-26 を見てください。

例えばこの表を見るだけでも、「A支店とD支店は、売上高は近いけど利益率は差がある感じがするな」「E支店は売上も利益率も高いな」「C支店は売上が低いけど、利益率は高いな」など、様々な「気付き」を得られますね。中には、「なぜ支店によって、売上と利益率に差があるのだろう」という疑問を抱く人もいるかもしれません。

その考えを推し進めたとき、**「ひょっとして売上と利益率は必ずしも相関関係ではないのかも」と思ったら、それは「仮説」となります。**

部門	売上高	利益率
A支店	80	2.5%
B支店	70	2.0%
C支店	40	2.8%
D支店	85	2.9%
E支店	115	3.1%

図2-26：無理にグラフにする必要はない

　仮説を得たら、次にやることはわかりますね。そう、様々な数字を持ってきて、**仮説が合っているかどうかを検証してみるのです**（この検証には、前述した「散布図」を使ってみるのもよいと思います）。

　大事なのは、表を見てあれこれ考えたように、**「『考える』というSTEP」を飛ばさないことです**。昨今は便利な分析ツールがたくさん存在しますが、**何も考えず、数字を見ていきなり分析（計算）を行うのは、「考えない人間」を作り出してしまいます**。そしてそういう人間は、往々にして「分析して満足」ということになりがちなのです。

　本書をお読みのみなさんは、**ぜひこの「考える行為」という行為を厭わず、感覚を研ぎ澄ます努力を続けてください**。そしてP.59で触れたように、その感覚を過信せず、きちんとリアルなデータにあたって検証する、という姿勢を徹底してください。

　このプロセスが、いわゆる「仮説思考」というものです。仮説思考を身に付ければ、ビジネスにおける問題解決力は飛躍的に向上するはずです。

「なぜ？」を突き詰めて「仮説」を立てよう！

　P.56で述べたように、数字を用いて物事を考える場合の思考順序は、「①気付き」→「②仮説構築」→「③仮説検証」→「④新たな疑問」→「⑤疑問の深掘り」→「⑥気付き（2周目）」という仮説検証モデルで進められるべきです。

　ここまでは「①気付き」を得るためのアプローチについて解説しましたが、ここからは、「②仮説構築」について解説していきます。

　仮説の構築に際しては、数字を見る必要はありません。もう少し正確にいうと、数字から得られた「①気付き」だけで十分なので、新たな数字を見つけてくる必要がありません（もちろん気付きを得るために使った各種数字を、仮説構築を行う際にも眺めてみても構いませんが）。

　「気付き」を得るフローでは、数字と真摯に向き合っていくことが求められていました。しかし、**仮説構築のために最も重要なインプットは、自らの経験や知識です**。

　仮説構築というのは「なぜ？」を考える作業です。そして仮説とは、「その『気付き』の理由・原因は何なのか？」という問いに対して、**経験や知識から導き出した、「その時点で最も正しいと思われる仮の答え」**ということになります。

　例えば、テレビ番組で「健康によい」とか「美容にきく」などといって紹介された食品がたちまち売り切れ、店頭から消えてしまうというのはよくある話ですよね。みなさんはそういう話を知識として知っています。

　そういう知識を持ったうえで、スーパーマーケットの売上データを見ていたところ「トマトジュースの売上が前週比で3倍になっている」とか「20店舗中18店舗でトマトジュースが品切れを起こしている」ということに気付いたとします。その理由を考えたとき、あなたは、「何かのテレビ番組で取り上げられたからではないか」と思うのではないでしょうか。これが1つの仮説です。もちろん、本当の要因は他にあるのかもしれませんが、仮説構築の最初の一歩は、**このように「原因・理由」について、自分の考えを明らかにするということです**。

　ファミレスで突然ハンバーグの注文が増えたら？　焼肉屋で、急に客足が途絶えたら？　コールセンターの問い合わせが、ある日を境に急増したら？　そのような、ビジネスの現場で起こる様々な事象に対して、**「なぜそれが起こったの**

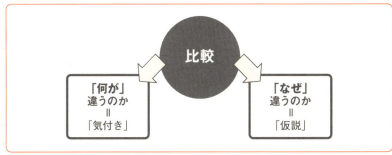

図 2-27:「気付き」と「仮説」の違い

か」を考えるのが、仮説構築の基本形です。

　くどいようですが、大事なことなので整理しておきます。**物事を比較して、「何が違うのか」を考えるのが「気付く」ということです。一方、比較した結果に対して、「なぜ違うのか」を考えるのが仮説構築です**（図 2-27）。しっかりと、自分に対して「なぜ？」と問いかけましょう。

「気付き」を「仮説」に変えるテクニック

　では、「気付き」を「仮説」に変えていく手順について考えていきましょう。P.66 で解説した通り、「気付き」は数字を見比べて、「本来『同じ』はずなのに違いがある」「本来『違う』はずなのに違いがない」というようなことを把握することでした。この「気付き」に対してその理由を考えることが仮説構築なのですが、いきなり「最高の仮説を出せ」といっても、それは難しいでしょう（もしそれができるなら、それは最早 "仮" 説」ではありません）。

　そこでおすすめなのが、**最初に仮説のタネとなるものをたくさん出していく、というアプローチ**です。

　例えばあるレストランにおいて、「競合店と自分の店で売上が違う（自店のほうが売上がよい）」という気付きがある場合には、その理由が「販売されている商品に関する『違い』ではないか」「販売している時間帯に関する『違い』ではないか」「曜日変動に影響を受けた『違い』ではないか」というふうに、**「違い」の原因となりえる要素を挙げていくのです**。

　そして、それらの要素に対して、知識や経験から、考えられる仮説のタネを可能な限り列挙していきます。

　「商品」を中心に考えるなら、「最近発売した新商品が好調なのかも」「以前

から取り扱っている定番商品の売れが伸びたのかも」「高単価になるように設定したコースメニューが功を奏したのでは」などと思いつくかもしれません。

あるいは、「時間帯」を中心に考えるなら、「ランチタイム（あるいはディナータイム）が強いのでは」と考えるかもしれませんし、「曜日」で考えるなら「平日（あるいは週末）に違いがあるのだろう」と思うかもしれません。他にも、給料日などの時期的な要因に注目したりすることもありえるでしょう。

こういう仮説のタネを、数多く出すことは「発想力のトレーニング」にもなるので、どんどん出していきましょう。特に、「要素」を体系的に考えられると、効率よく作業することができます。

このようにして、できるだけ多くの仮説のタネを洗い出したら、次のSTEPは「絞り込み」です。「明らかに違う」ものは、この時点で排除します（図2-28）。

例えば、競合店の売上の数字が「80」、自店の売上の数字が「104」だとしたら、絶対値で「24」の差があります。これは、相対値では1.3倍です。この違いの大きさに対して、**先ほどの仮説のタネが生み出す違いが「妥当な大きさかどうか」を経験則に基づいて判断し、絞り込みを行うのです**。これにより、後で仮説検証を行う際の作業が効率的になります。

例えば、「新商品が好調なのが原因ではないか？」という仮説のタネに対して、「新商品の売上が全体に占める比率は1割程度のはずなので、それだけで1.3倍もの違いを生み出すことはできないだろう」というように考えることができ

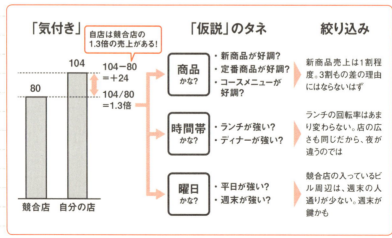

図2-28：「気付き」を得たら、「仮説のタネ」を洗い出して絞り込む

れば、このタネを排除することができます。

あるいは、「ランチタイムの売上が大きく貢献しているのではないか？」という仮説のタネに対して、「店舗の大きさはほとんど同じだし、『ランチタイムの回転率も変わらない』とスタッフから報告を受けているので、おそらくここにも大きな違いがないだろう」みたいなこともあるでしょう。

反対に、「週末に強みがあるのではないか」という仮説のタネについては、「競合店舗の入っているビルの周辺は、週末の人通りが少ないから、確かに自店舗が優位かもしれない」という知識によって、この仮説のタネが有力な仮説だろうと判断することもできるかもしれません。

当然ながら、このように「筋が悪い」仮説のタネを取り除いたり、「筋がよい」仮説のタネを見つけ出すためには、業務の知識や経験が必要です。以前「勘・経験・嗅覚はビジネスを円滑に回すためにとても重要だ」という話をしましたが、**経験が豊富であればあるほど、この仮説の絞り込みの効率は上がっていきます**。

なお仮説のタネは、必ずしも1つに絞り込む必要はありません。ただし、10個も20個もあると検証が大変なので、3～5個くらいになっていると丁度よいでしょう。

では最後に、ここまでの一連の流れをおさらいしておきます。まず、数字を見て「違い」に気付きます。気付きを得たら「理由」を考え、「仮説のタネ」をできる限りたくさん列挙していきます。そして、経験則をフル活用して、筋の悪い仮説のタネを排除して、仮説を絞り込んでいくのです（図2-29）。この手順を忘れないようにしてください。

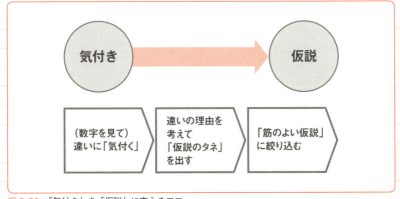

図2-29：「気付き」を「仮説」に変えるフロー

「仮説」を数字で検証しよう！

　仮説のタネを絞り込み、「筋がよい」仮説を導き出したら、今度はその仮説を「数字」を使って検証していきます。

　この仮説検証の結果は、いわゆる「分析結果」として報告されるべきものになります。逆にいえば、検証されない仮説は、単なるアイデアや思い込みの可能性をぬぐえません。つまり、**しっかりと検証されて初めて、誰かに報告するだけの価値を持つということです。**なお検証の結果、「仮説が正しかったから偉い」「仮説が間違っていたから悪い」ということでもありません。重要なのは仮説の正解率ではなく、**ビジネスの役に立つような発見ができたかどうかです。**

　さて、仮説構築においては、「主観」をフル活用しましたが、仮説検証はしっかりと数字を用いて、「客観」で考えていく必要があります。「数字を用いて客観的に考える」というのは、「気付き」を得るプロセスと同じですよね。そうです。仮説検証のプロセスは、気付きを得るためのプロセスと非常に似ています。**プロセスの核となるのは、数字との比較です。**

　ただ、1つだけ大きく異なるのが、「何を数字と比較するのか」ということです。気付きを得るためには、ビジネスの実態を表す「数字」という客観的な事実に対して、本来こうあるべきだろうという「基準」を比較していきました。**この仮説検証のプロセスにおいては、「数字」と「仮説」を比較していくことになります**（図 2-30）。

　前回の解説で、競合店と自店で売上が違うレストランチェーンの例を出しました。売上の差がある理由を考えたとき、「コースメニューの売れ行きに差が

図 2-30：仮説の検証は「数字」と「仮説」の比較

ある」という仮説を検証するならば、競合店と自分の店舗で「商品別の売上」を比較していくことになります。あるいは「ディナータイムの時間帯に差がある」という仮説を検証する場合は「販売時間帯別の売上」を競合店と自店で比較していきますし、「週末の状況に違いがある」という仮説を検証するためには、「曜日別の売上」を比較していくことになります（図2-31）。

このように**「仮説」と「数字（実態）」を比較する際は、比較の「単位」を決めることが重要です。反対にいえば、比較の単位さえ見極められれば、仮説検証は難しくはありません。**

今回の場合、「『コースメニュー』は『商品の種類』である」とか、「『ディナータイム』は『時間帯』である」とか、「『週末』は『曜日』である」ということがわかってしまえば、後はその単位に分解された数字を用意して、実際に見比べるだけです（図2-32）。簡単ですね。

ところで、検証の結果、すべての仮説が外れていたとしても、特に問題はありません。仮説検証が大切なのは、**他の要因を見極めることにも役立つところです。**

例えば「ディナータイムの売上に差がある」と考えていたものの、検証の結果「思ったほど差がなかった」ということがわかったとします。仮説が誤りだったと判明したわけですが、この場合も「競合店よりも、（ディナータイムだけではなく）全体的に売上が高い」ということを読み取れれば、それは1つの発見です。**つまり、「全時間帯にわたって、売上を押し上げている理由が何かあるのだろう」という「気付き」を得られるわけです。**この「気付き」を基に、新たな仮

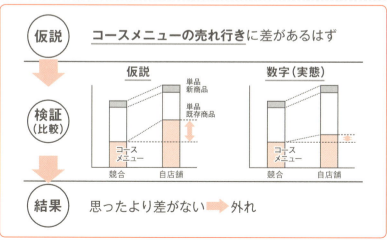

図2-31：仮説を検証（比較）する

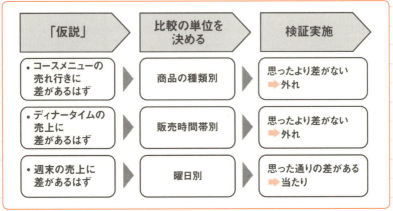

図2-32：比較の「単位」を見極めれば比較は簡単

説を探せばよいだけの話です。

　また、仮説構築の際にいくつかの仮説のタネを「筋が悪い」として捨て去ったわけですが、これらの多くは、数字を見ていく中で同時に検証されます。例えば「新商品の売れ行きに差があるのではないか」というような仮説は、コースメニューに関する仮説を検証する際の、「商品別の売上比較」において同時に検証されるはずです。

　繰り返しになりますが、仮説は正解率の高さを誇るものではありません（もちろん、当たっていると嬉しいものではありますが）。また、正解率は、経験を積んでいけば徐々に上がっていきます。**最初のうちは、「焦らずにしっかりと数字で検証していく」という習慣を身に付けることが大切です。**

仮説検証は1回やって終わりではない

　ここまでで、「①気付きを得る」→「②仮説を構築する」→「③仮説を検証する」という仮説検証の基本的な流れは完了しました。この仮説検証の中で、数字を重視すべきフローは「気付きを得る」部分と「仮説を検証する」部分だということも理解できたはずです。

　ではここからは、それ以降のフロー、つまり「④新たな疑問」「⑤疑問の深堀り」「⑥気付き（2週目）」についても、簡単に紹介しておきましょう。

　仮説検証は「1回やって終わり」ではなく、繰り返し作業していく必要があります。

仮説検証プロセスを再度回していくためには、**仮説検証の際に獲得した「新しい知識・新たな発見」を元に、「疑問」を持つことが重要です**。これが「④新たな疑問」に該当します。これはつまり、仮説を検証する中で出てきた疑問を自分の中に蓄積していく作業になります。**「将来のために着眼点を増やす」といい換えてもよいでしょう**。

例えば、競合店と自店で「週末の売上に差があるはず」という仮説を立て、実際に「週末の売上の違い」を検証していたとします。折れ線グラフにして確認したところ、確かに週末の売上に差がありました（仮説が当たっていたことになりますね）。

このとき、**「確かに『週末』に差があったけど、なぜか『週の初め』にも差があるぞ」ということを見つけられれば、それが「新たな疑問」になります**（図 2-33）。

「新たな疑問」を見つけたら、その疑問についてしっかり考えていくのが、「⑤疑問の深堀り」となります。「週末に差がある」という仮説の論拠が、「週末には競合店周辺の人通りが少ないから」ということだったとしたら、週初にも差があることの説明がつかなくなります。

この謎を解明していくために、「この謎を解明するには何を考えねばならないのか」という視点で、「疑問の深堀り」を行ってください。このときのポイントは、**「自分の経験則にはない想定外のことに起因しているかもしれない」という認識を持つことです**。なぜなら、「仮説のタネ」を考えた際にアイデアとして

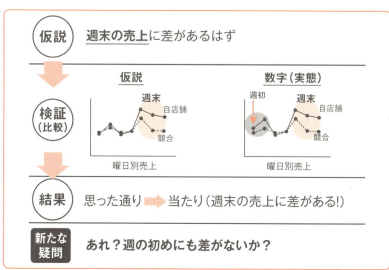

図 2-33：仮説検証時に「新たな気付き」を得る

出てこなかったからです（経験則から導き出せる理由であれば、仮説のタネを挙げた際に出てきたはずです）。

　想定外のことだとすると、いくら頭をひねっても出てきません。「どうすれば理由を判明させられるか」を考える必要があります。

　この場合、週の初めの売上が多いということは、「月曜日と火曜日」に何かが起こっているわけですね。そこで新たな仮説として、「周辺のお店が閉まっていて、そのぶんのお客様が流入してきているのではないか」とか、「火曜日の日替わり定食が人気なのではないか」とか、自分が認識していないところ、例えば「タウン誌などで紹介されているのではないか」ということを予想するわけです。

　上記のような理由であれば「来店客数」「客単価」「販売数量」「商品単価」などの数字を、曜日別に比較していくことで「アタリ」を付けられそうです。つまり、週初の売上増加は、「多くの人に売れているからなのか」「人数は変わらないが、1人あたりがたくさん買ってくれているからなのか」を確認するわけです。また、人数が変わらず、1人あたりの購入単価が高かった場合には、「1人あたりの『購入点数』が多いのか」あるいは「購入される商品の『単価』が高いのか」というようなことを見ていくとよいでしょうね。

▍時には「大きな視点の切り替え」が必要

　この「疑問の深掘り」に真剣に取り組む際には、**もっと大きな視点の切り替えが求められることもあります**。今回の例において、週末も週初もたくさん売れているわけですから、大きく視点を切り替えるとするならば、**「週の半ばだけが売れていない」というふうに考えてしまうというのも面白いかもしれません**。こう考えると、調べるべき曜日、注目すべき曜日は「週末」や「月曜・火曜」ではなく、「水曜・木曜」ということになります。

　そうだとすると、発想の方向性は大きく変わります。例えば、「水曜・木曜に休みの会社が周辺に多いのか？　いや、競合店は水曜・木曜も普通に売れているから、あまり関係ないかもしれない」「水曜・木曜は、普段来ているお客さんが来てくれないのかもしれない。ひょっとしたら、日替わりメニューが不評なのだろうか」「お客さんの多くは週末や週初に来店しているが、『週に1回来たら十分だ』と思われているのかもしれない。『週に2回来たい』と思ってくれるようにできれば改善するのかも」などというようなことに目を向けてい

くことになります。

自分と対話する時間を大切に！

　仮説検証を行っていくためには、「①気付き」と「②仮説検証」のフローで数字と向き合うことが非常に大事です。しかしそれと同じぐらい、ひょっとしたらそれ以上に、「③仮説構築」や「⑤疑問の深堀り」のフローで、自分自身と対話していくことが大切です。

　「数字を見る」ということは、**数字という共通言語で、現実世界の業務を客観的に表現し、理解するということです**。一方、「自分自身と深く対話する」ということは、**「主観を研ぎ澄ます」という行為**です。日々、自身の中に蓄積してきた経験や知識を、立ち止まって冷静に吟味して、「理論としてまとめ上げる行為」だともいえるでしょう。

　ビジネスにおいて、この理論化のSTEPを踏むことはとても大切です。このSTEPをしっかりと経ることができれば、以前も触れた通り、「特定の状況にしか適用できない経験則」を、「普遍的に応用できる理論」へと変化させることができるからです。

　ちなみに筆者はコンサルティング業務を行っていますが、以前も触れた通り、コンサルタントはまさにこの「理論化」を重視しています。

　一般のビジネスマン（あるジャンルの業務のプロ）は、多くの経験と知識を基に、業務の経験則を作り上げ、そこから「独自の理論」を導き出します。

　一方コンサルタントは、複数の業界にまたがって仕事をしていますから、個別の業務の経験則のみに頼らず、類似のプロジェクトに適用可能な「普遍的な理論」を導き出そうとします。

　この「普遍性」の違いは、**数字を活用するということに対する意識の違いによって引き起こされます**。ある事象を捉える際に、数字をどの程度重視し、活用するか。**この数字の活用領域が広ければ広いほど、その理論の普遍性は高まります**。

　逆にいえば、「業務のプロ」が数字を扱うことに対して、コンサルタントと同じレベルの意識を持てば、普遍性の高い理論を作り上げることが十分可能になるはずです。

　本書に時折登場する「コンサルタントの思考様式」を理解しておくことは、数字と向き合い、ビジネスと数字を紐付けて、実際の成果に結び付けていく際の一助になるはずです。ですから、ぜひ頭の片隅に留めておいてください。

「比較しやすい表」と「比較しにくい表」の差は?

比較するためには「表」を考えることが大切

本書では、ここまで数字の比較について説明する際は、「グラフ」を多用してきました。グラフを上手く使うことができれば、知りたいことにダイレクトにたどり着けるからです。

しかしグラフを作るためには、最初にEXCELで「表」を作る必要があります。また、作成した表そのものを、「気付き」を得るためや仮説検証の際に使うことも可能です。そういう意味では、**いかに表を上手に作れるかが、数字を扱ううえで重要な要素となります**。そこでここからは、上手な表の作り方を解説しましょう。

表を作る際に必ず意識すべきことは、次に3つです。

①比べたい数字が「隣接」していること
②同じ種類の数字を「固めて配置」していること
③時系列は常に横軸であること

まず、当たり前なのですが、**比べたい数字が隣り合っていることが大切です**。情報を詰め込みたいがゆえに、本当に比べたい数字同士が離れてしまっている表をよく見かけます（特に報告資料や売上レポートなどにありがちです）。

資料作成者には「様々な数字を見たい人がいるから、それらを網羅した資料を作っておこう」という意図があるのでしょうが、「比較して考える」という目的においては、最悪の選択だといわざるを得ません。

続いて、これもまた当たり前ですが、**同じ種類の数字は「固めて配置しておく」ことが基本です**。売上なら売上、利益ならば利益を固めて配置しておかないと、比較において非常に不便です。

最後のポイントは、**「時系列は常に横向き（左から右）に保持する」**ということです。時間の流れを縦に持つと、その表をグラフにするときに困ります。折れ線グラフであれ、棒グラフであれ、時間の流れは常に左から右へと流れます（時系列が右から左に流れるのは、縦書きの書籍に収録された歴史年表くらいです）。

第1部　ビジネス数字力養成編

比較しにくい表

	5月			6月		
	売上	利益	利益率	売上	利益	利益率
部門A	100	40	40.0%	120	45	37.5%
部門B	90	30	33.3%	110	40	36.4%

他部門とは数字を比べやすいが、時系列で比較が困難

	部門A			部門B		
	売上	利益	利益率	売上	利益	利益率
5月	100	40	40.0%	90	30	33.3%
6月	120	45	37.5%	110	40	36.4%

時系列は近づくが、部門比較が困難に
(しかも、時系列が縦になっている)

比較しやすい表

		5月	6月
売上	部門A	100	120
	部門B	90	110
利益	部門A	40	45
	部門B	30	40
利益率	部門A	40.0%	37.5%
	部門B	33.3%	36.4%

同じ種類の数字を固めることで、比較対象が近くなる

図2-34：比較しにくい表、比較しやすい表

この3つの原則をしっかりと守ることで、「気付き」にも「仮説検証」にも使いやすい表を作ることができます（図2-34）。

目的に合致した表を用意しよう

表を作る際の3つの原則を紹介しましたが、**どの原則を優先するかは、目的によって柔軟に変更するべきです**。

先の図2-34の例では、「売上」「利益」「利益率」という「数字の種類」を固めて配置することで、期間比較と他部門比較を容易にしましたが、場合によっては、「同一部門内での各指標の比較」を優先したくなることもあるでしょう。その場合には、2つ目のルールであった「同じ数字を固めて配置する」よりも、最初のルール「比較したい数字を隣接して配置する」を優先することになります。

図2-35の場合は、「部門A」「部門B」のように、各部門の各種数字をまとめています。これにより、それぞれの部門の状況がどのようになっているのかを把握しやすくなっています。

具体的には、部門Aの5月と6月の数字を比較し、「売上は100から120

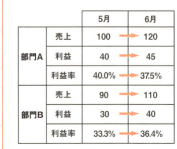

図2-35：目的に応じて「何を固めて配置するか」を変える

図2-36：各部門の状況が一目瞭然になる

へと増加している」「利益も40から45へと増加している」「ただし、利益率は40.0%から37.5%へと減少している」ということが一目瞭然になりますね(図2-36)。

同様に部門Bも、売上が上がり、利益が上がっているわけですが、こちらは利益率も上昇していることがわかりますね。

つまり、この「部門ごとに数字をまとめた表」は「各部門がどういう状態なのかを理解して、その結果同士を比較することに適している」といえます。

もちろん図2-35の左表のように、数字の種類(売上・利益・利益率)で固めた表であっても、しっかり読み解いていけば同じ結論にたどり着けます。

しかし、この表では、「売上は、部門Aと部門Bのどちらが大きいのか」というような、「個別の項目」に目が行きがちです。それよりも右表のように、部門単位で固まっていたほうが、「各部門の状況」を比較しやすいはずです。

このように、**「何と何を比較して、何を知りたいのか」を最初に考えておくことが、比較しやすい表を作る際に大切なことです。**

数字は「望む単位で集計されていない」ことが多い

比較しやすい表をしっかりと定義した際に直面するであろう問題は、「理想の形に数字が整理されていない」ということでしょう。

ビジネスの現場で目にする表は、自分で作ったものではなく、「誰かの手によって作られたもの」であることも多いです。

その場合、「各種数字が比較に適した配置になっていない」ということに加えて、より大きな問題として、「知りたい数字が含まれていない（例：利益率がない）」「知りたい単位よりも細かい（例：月単位が見たいのに日別に集計されている）」「知りたい単位よりも大きい（例：部門別商品別の売上を知りたいのに、部門別での分解しかない）」というようなケースも非常に多いです。

こういう状況に遭遇した場合は、まず「自分で対処できるかどうか」を見極める必要があります。**つまりそこにある数字から、「自分で計算すれば何とかなるのか、ならないのか」を考えるわけです**（図2-37）。

もし何とかなりそうなら、誰かにお願いするのではなく、自分で数字を作りましょう。

筆者の経験からしても、**大抵の場合は知りたいことを誰かに伝えてやってもらうより、自分でやったほうが早いです**。「何を知りたいのか」「どういう数字が必要か」「それをどういう形でまとめてほしいか」を他人に伝え、理解してもらうまでに、余計な時間がかかるからです。それよりも、自分の手でさっさと作ったほうが、結果として早く仕上がります。

一方、そこにある数字だけではどうにもならない、例えば「計算しようにも数字が足りない（例：売上しかない状態では利益率は計算できない）」「知りたい粒度よりも大きな単位の数字しかない（例：部門別の売上を商品別に分解するのは不可能）」という状況ならば、素直にお手上げであることを認め、必要な人に追加の数字をお願いしましょう。

しかし、この場合にも注意すべきことがあります。それは**「欲しい数字を明**

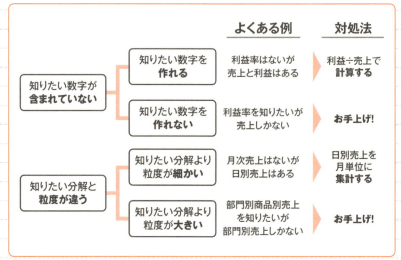

図2-37：自分で対処できるかできないかを考える

確に指定しないといけない」ということです。先ほどの「誰かに作業をお願いする」という際の問題と同じですね。「何を知りたいのか」「そのために必要な数字の種類と単位は何か」「それはどういう表の形式になっていると望ましいのか」を共有することは、案外大変です。

可能ならば「生データ」をもらってしまえ

そんなときにおすすめなのが、**「生データをもらってしまう」という方法です**。「もし作業時間や加工のスキルが十分ならば」という前提が付いてしまいますが、これができるなら最高です。

生データというのは「元々のデータ」ということです。例えば「売上」という数字は、「売上明細」を集計して作られています。

売上明細の中で、特定部門の明細だけを集計すれば「部門別売上」になりますし、特定商品の明細だけを集計すれば「商品別売上」になります。さらに、特定の部門の、特定の商品の明細だけを集計すれば「部門別商品別売上」になりますね。

「生データ」と聞くと非常に厄介な代物に聞こえてしまうかもしれませんが、みなさんは普段から、一部とはいえ生データに接しています。

例えば、法人営業で新規契約を取ったならば、交わした契約書に書かれてい

る情報が生データそのものです。「いつ、誰に、何を、いくらで販売したのか」という情報ですね。

小売店のPOSデータも「生データ」です。これらの生データは、企業の中に蓄積されています。その情報を使うことができるなら、**数字で物事を考える際の自由度は飛躍的に高まるはずです**。

数年前まで、EXCELで扱うことのできるデータ件数は、最大で6万5千行（正確には、2の16乗＝6万5536行）に制限されていました。これでは、ボリューム（つまり件数）の多いデータを扱うことはできません。もちろん、生データを扱うにも限界がありました。

しかし2016年現在、**EXCEL（EXCEL2016）は、100万件以上の大量データを扱うことができるようになっています**（こちらも正確には、2の20乗の104万8576行です）。これにより、EXCELでカバーできる範囲は大幅に広がりました。

もちろん100万件という上限はありますが、たとえ「年間の売上明細が1,000万件になる」というような状況であっても、売上明細を月単位に分割してデータを取得できるなら、そのデータ量は月あたり80〜90万件程度になるはずです。

これなら、**最新のEXCELであれば十分に扱うことが可能です**。

数字は「考えるためのツール」である

これまでは、数字は「誰かによって集計されたもの」とイメージしていた人もいるかもしれません。しかし、**「数字は自分で自在に作れるもの」**です。

もちろん、みなさんが数字を作る機会がどれほどあるかはわかりません。中には管理職になって久しく、「EXCELを操作するより、事業のことを考えないといけない」という人もいるかもしれません。

しかし、数字を「作りたいけど作れない」ということと、「作れるけれどあえて作らない」ということは全く別物です。

「数字を作る」という行為をしっかりと理解しておくことは、数字を用いて物事を考える際に非常に役に立ちます。また、**自分の知りたい内容に即した「数字」を自分で定義できれば、ビジネスをより深く、そして客観的に理解することに**つながります。

数字を単なる「指標」として捉えるのではなく、その成り立ちや意味すると

ころを理解し、ビジネス理解のためのツール、**自分の頭で考えるためのツールだと捉えることで、ビジネスにおける数字力は圧倒的に改善されることでしょう。**

　また自分が数字を見るときでも、部下に数字を出すように指示するときにも、より適切な態度で数字に接することができるようになるはずです。

　本書の4章以降では、数字を扱ううえでのEXCELの基本操作についても解説していますので、数字作りが苦手な人は、ぜひそちらもご一読ください。

> Column
> ## グラフ作りにおぼれるな！
>
> 　EXCELを使えば、簡単にグラフを作ることができます。また昨今は、Microsoft PowerBIや、Tableau、QlikViewなどのデータビジュアライズツールが注目を集めています。
>
> 　グラフを簡単に作ることができるのは喜ばしいことですが、注意しなければならないこともあります。
>
> 　それは、グラフを作ることに注力するあまり、本来の目的である「数字で何かに気付く」「数字で仮説を検証する」ということを失念してしまうことです。つまり「ツールを使って」分析しているはずが、「ツールを使いこなす」ことに時間と労力を費やしてしまうのです。
>
> 　例えば、「部門別・商品別売上」のデータを見る場合、「部門の売上を比べるうえで、その内訳としてど の商品がどれだけの割合を占めているのかを知りたい」という場合と、「商品の売上を比べるうえで、その内訳として、どの部門がどれくらい販売している比率が高いのかを知りたい」という場合では、「100％」の概念が変わりますよね（部門の売上を100とするか、商品の売上を100とするのかが違います）。
>
> 　グラフを自在に作ることができると、この「そもそも何を比較していたのか」を忘れてしまいがちになるのです。
>
> 　ですから、「とりあえずEXCELを使ってグラフにしてみた」というときには、一度基本に立ち戻り、「自分はどういう表で、何を比べようとしているのか」を意識してみることを強くおすすめします。

第1部　ビジネス数字力養成 編

「数字」を仕事に活かそう！

数字を仕事に活かすためには
「成果」を求める姿勢が大切です。
多くの人は、成果に対する意識が低いために、
数字を十分に活用することができていません。
本章では、前章までで解説してきた数字の見方を踏まえて、
どうすれば数字を仕事に活かすことができるのかを
考えていきます。

成果につながらない「数字遊び」はやめよう！

「成果」を意識すればアクションにつながる

　数字を扱う際の大きな問題点は、**非常に多くの人が、「数字を作ること」で満足してしまい、その先にある「仮説を考える」という作業を疎かにしてしまうことです**。数字を作る作業には労力がかかりますし、また作業を終えると一定の達成感を得られることが原因でしょう。

　コンサルティング業務で企業の現場に出向くと、資料をまとめてきた若手社員に対し、上司や先輩が「もっとよく考えろ」などと指導しているシーンに出くわすことがあります。そういうシーンを見ると、若手社員にしてみれば「こっちはこっちで一所懸命作ったんだ」と思いながら聞いているのだろうな、と感じてしまいます。

　また、このように若手社員が作った数字を「見る」という立場の人の多くも、「その数字を見て満足して終わり」となりがちです。「『気付き』は得たけど『仮説』を出さない」「『仮説』は出したけど『検証』をしない」という人は少なくありません。中には、「いや、自分はしっかり仮説を検証している」という人もいるかもしれませんが、そういう人であっても、「仮説を検証したところで満足して燃え尽きる」というケースが非常に多いです。

　しかし、ちょっと立ち止まって考えてみてください。「数字を作って満足する」のも、「仮説を検証して満足する」のも、**ビジネスへの影響という観点で見ると、同じ程度に「無価値」**ではないでしょうか。

　ビジネスにおいて最も重要なのは「成果」です。「数字を作った」「仮説を検証した」というだけでは、何らビジネスの成果に結び付いていません。検証された仮説に基づいてアクションを考え、**そのアクションを実行していくことによって、初めて「成果」が生まれるのです**（図 3-1）。

　達成感や満足感を得て、そこで思考を止めてしまうのは、**成果を意識していないことが原因です**。ですから、「成果のために仕事している」ということを強く意識し、その手前で訪れる「達成感」「満足感」という落とし穴に落ちないようにすることが肝心です。

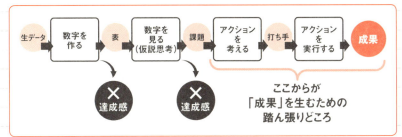

図 3-1：アクションを実行して、初めて「成果」が生まれる

落とし穴に落ちないために

では、どのような対策をとれば、落とし穴を回避できるのでしょうか。そのためには3つのコツがあります。それは、**「『作業』に埋没しないこと」「『目的』を忘れないこと」「ビジネスと常に紐付けて考えること」**です (図 3-2)。

①作業に埋没しない

1つ目のコツである「作業に埋没しない」というのは、広い視野を持ち、「作業屋」にならないように気を付けるということです。数字を作る作業にせよ、数字を見る作業にせよ、自分の責任範囲を区切り、**「それだけをやっていればよい」というスタンスでいる限り、作業屋から抜け出すことはできません。**

与えられた役割をこなすことはもちろん大事ですが、「自分が作業をやったら、それで終わりではない」ということを理解しましょう。自分の作業だけではなく、周りの人の作業も含めて、仕事の全体像を理解することが大切です。例えば、納期直前になって「間に合わない」と申告する人がいますが、**そういう人は、自分の作業しか視界に入っておらず、全体のことを考えていないといえます。**

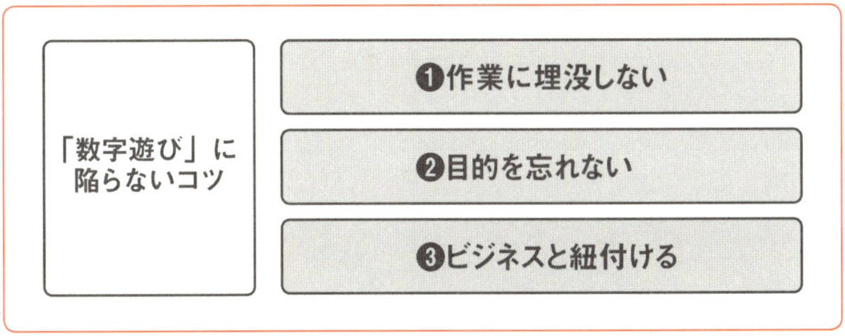

「数字遊び」に陥らないコツ
- ❶作業に埋没しない
- ❷目的を忘れない
- ❸ビジネスと紐付ける

図 3-2：「成果を出す前に満足してしまう」という落とし穴に注意

特に数字に関しては「ビジネスに活かしてナンボ」というものですので、自分の作業だけで閉じていても価値がないと自覚しましょう。
　広い視野で全体像を捉えるためには、「作業指示者」と「作業者」がしっかり会話することも非常に大切です。わからないことやおかしいなと思うことがあっても、「とりあえず指示された内容はコレだから、コレだけやっておけばよい」という姿勢でいると、せっかくの作業が数字遊びに終わってしまいます。作業を行う際には、必ず作業を指示した人と、積極的にコミュニケーションをとりましょう（図 3-3）。
　また、みなさんが部下やチームメンバーに作業を指示する立場にある場合には、彼らが数字遊びに時間を費やすことがないように、その数字が求められている背景や取り組みの全体像を含め、しっかりと説明しておくことが望まれます。

②作業目的を忘れない

　続いてのコツは、「作業目的を忘れないこと」です。先ほどの全体像の話と似ていますが、「作業の位置付け」に加えて、「作業によって目指すもの」を明確にすることが大切です。作業を行った結果、**どういうものが生み出されているのか（＝アウトプットイメージ）を決め、それに向けてしっかりと進んでいくことが求められるのです**。
　「数字を作る」ということであれば、「どういう単位の数字を、どのように配

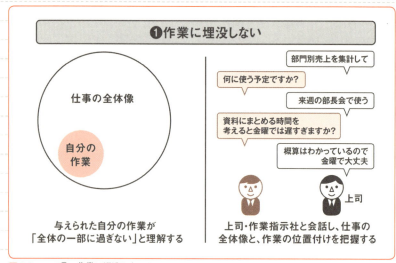

図 3-3：コツ①　作業に埋没しない！

置するか」を最初に決めておくべきです。仮説構築や仮説検証であれば、「自分が取り組んでいる課題がどういうものなのか」「それに対して何を証明し、どういう資料にまとめようとしているのか」を明らかにしなければなりません。

最初にこれを決めておくと、自分が行っている1つ1つの作業が、アウトプットのどこを埋めるための作業なのか、自分自身に問いかけることができます。こうしておけば、作業中に迷子になることがなくなります（図3-4）。

なお、ここで決めたアウトプットイメージや、作業指示に関する合意事項は、付箋に書いておくなり何なりして、忘れないようにしておきましょう。そうすれば、**依頼された内容と実際に行った作業の結果に齟齬が出た際に、「何かがおかしい」と思うことができます**。例えば数字作りであれば、「集計単位が生データに存在しない（例：担当部門の項目がないため、部門別に数字を分けられない）」「必要な情報が足りない（例：月次目標がわからない）」という状況に対して、「アウトプットイメージのこの部分が作れない」と自分で検知できるようになるはずです。

③ビジネスと常に紐付けて考えること

3つ目のコツは、「すべての作業を常にビジネスと紐付けて考える」ということです。あなたが作っている数字、あなたが見ている数字は、「実際のビジ

図3-4：コツ② 「目的」を忘れない！

ネスを客観的に表現した写像」です。ですから、常に「その数字が、実際の業務において何を意味しているのか」という観点を持ちましょう。

具体的には、**自分が作業している際に「○○部長だったら」とか「物流部門の担当者だったら」と考えてみるとよいでしょう。**自分とは違う立場・ものの見方をする人が、「自分の代わりにこの数字やこの結果を見た場合にどういうか」と自分自身に問うてみることで、ビジネスの実態と数字を紐付けて考えることができるようになるはずです。

同じ数字を見ても、担当部署によって考えることは違います。あなたが部門別売上を集計した結果、「部門Aの低迷が著しい」「その理由の1つは、在庫不足による品切れが原因だった」ということが判明したとします。

その数字を見た営業部長は、「部門Aだけの問題ではない」とか「生産量の抑制が問題だ」と考えるかもしれません。一方、生産部門の担当者は、「流通網全体での在庫偏在に課題がある」と考えるかもしれませんし、物流部門の担当者は「物流費はこれ以上増やせないから、倉庫間の在庫移動は難しい」などと考えるかもしれません。

あなたにとっては単なる「乾いた数字」かもしれませんが、その数字は実際のビジネスと密接に紐付いています。**その数字の意味するところを理解するためには、ビジネスに照らし合わせて考える癖を付けることが重要です。**

図 3-5：コツ③　数字をビジネスと常に紐付けて考える！

「結果」と「成果」は別物！

数字に接するうえで忘れてはならない3つのコツを紹介しましたが、その3つのコツを念頭に置けば、成果につながらない数字遊びになることはまずありません。

ただし、このようにして落とし穴を回避したとしても、それだけで成果が出るわけではありません（まだスタートラインに立ったに過ぎません）。成果を出すためには、他にも覚えておかなければならないことがあります。**その1つが、「『結果』（＝アウトプット）と『成果』（＝アウトカム）は別物である」という認識を持つこと**です。

そもそも、「成果」とは何なのでしょうか。ここで、「結果（アウトプット）」と「成果（アウトカム）」という言葉について整理しておきましょう。

この2つの言葉は何となく似ていますし、実際の現場でも混同して使われているケースが少なくありません（図3-6）。しかしビジネスの現場では、この2つは全く別物であると理解すべきです。

まず「アウトプット」という言葉ですが、対義語は「インプット」ですね。

インプットとアウトプットは、何らかの処理機構（組織、個人、機械など）において、「そこに入れるもの（インプット）」「そこから出てくるもの（アウトプット）」という関係にあります。処理機構の「中に(IN)押し込まれる(PUT)」ものと、「外に（OUT）押し出される（PUT）」ものの違いです（図3-7）。

「数字作り」にしても、「仮説構築」や「仮説検証」にしても、**それらの作業後にできる数字や仮説や検証結果は、すべてその作業におけるアウトプットです。**

一方「成果」のほう、すなわち「アウトカム（OUTCOME）」とは何でしょう。

図3-6：結果と成果は違うもの？同じもの？

少々感覚的な表現となりますが、「アウトプット」が「処理機構の都合で勝手に押し出されてくるもの」であるのに対して、「アウトカム」は「行為者の主体的な活動によって生じるもの」と理解してください。違う言い方をするならば、**アウトカムは「処理機構が出してきたアウトプットを解釈し、それに応じて何らかの行動を起こすことで得られた価値」**といってもよいでしょう（図3-8）。

　ビジネスに置き換えると、「①インプットをアウトプットにする」「②そのアウトプットを用いて、主体性を持って価値（アウトカム）を生み出す」という順番で捉えるとわかりやすいと思います。

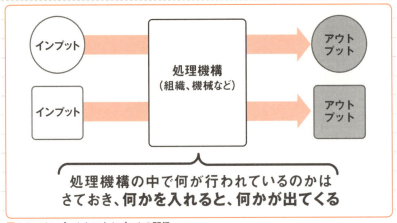

図3-7：インプットとアウトプットの関係

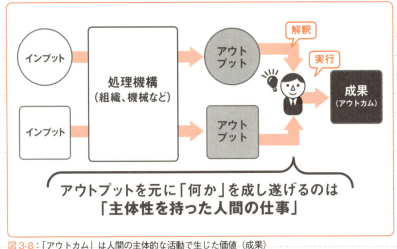

図3-8：「アウトカム」は人間の主体的な活動で生じた価値（成果）

アウトカムは待っていても出てこない

　ここで忘れてはならないことは、**「アウトプットは誰かに依頼すれば出してもらえるが、アウトカムは自分で頑張らないと出てこない」** ということです。

　例えば、課長が部下に「××について考えろ」とか「○○についての数字をまとめてこい」と指示した際に、部下は「考えた結果」だったり「数字を集計した結果」を出してくれますよね。しかし、これはただのアウトプットです。

　そのアウトプットから何かを読み解いて（解釈して）、打ち手や対応方針などの意思決定を行うのは、**その業務を依頼した課長の役目です**。だからこそ、この「アウトプットを解釈して行った意思決定」によって得られるはずの「成果」や、失敗した場合の「責任」は、課長に帰属することになるわけです。**この「意思決定によって得られるはずの『成果』」がアウトカムということになります。**

　世の中にはEXCELだけでなく、高機能なデータ分析ツールが多数存在しますが、これらのツールが提供するのもあくまで「アウトプット」です。

　そのアウトプットから何を考え、どういう意思決定をし、どういう打ち手を実行するか、**すなわち「どうやってアウトカムを生み出すか」** を考えるのが、ビジネスマン（みなさん）の腕の見せ所です。

　繰り返しになりますが、誰かが出してきたアウトプットを眺めて、それで思考停止をしてしまってはいけません。ビジネスで最も大事なことは「成果」であることを、ここでも胸に刻んでください。

　先に課長の例を挙げましたが、「作業を依頼された部下」の側の人も、気を付けてほしいことがあります。それは、**「依頼されたことを頑張ってこなし、アウトプットを出したからといって満足していてはいけない」** ということです。くどいようですが、これは本当に大切なことなのです。ビジネスにおいて、重要なのは「分析結果」でも「考えた結果」でもありません。それらを活用して、「成果」につなぐ部分です。

　例えば「マーケティング部門が広告を作って、それが世の中に出た！」というのは単なるアウトプットです。一方、広告によって「社名が広く認知された」「自社商品の売上が伸びた」というのがアウトカムです。

　多くの時間をかけて必死に作った素晴らしいアウトプットも、アウトカムにつながらなければ意味がありません。常に「アウトプットを自分なりに解釈する」「解釈の結果、とるべき行動を考える」という、「意思決定につなぐためのもう一歩」を意識することを心がけてください。

成果を目指すなら「アクション」を決めるべし!

「意思決定」せずに成果は得られない

「成果を目指す」ということは、事業に対して「主体的に働きかける」ことを指します。そしてその働きかけが数字に対してよい影響を与えたら、それが「成果」となります。

例えば「売上が落ちている」という現状に対して対策をとる場合、「数字を見ていくと、ある部門のある商品の売上が大きく低迷していることがわかった。そのうえで仮説を構築・検証した結果、営業マンの訪問頻度が低いことが原因であることがわかった」というだけでは、対策になっていませんね。ここまではあくまでアウトプットであり、アウトカムではないからです。

当然ながら、そのアウトプットを踏まえ、「売上を伸ばす」という成果（アウトカム）に向け、どういう活動を行っていくのかが重要です（これは「数字を見る」という話ではなく、業務によって「数字を動かす」という話になりますが、ビジネスには欠かせない部分です）。

成果を得るために必要なのは、仮説思考のアウトプットである課題や改革方針を元にして「アクションを考えること」、そして「そのアクションを実行すること」です。

それでは、まず「アクションを考える」手順について考えてみましょう。「アクションを考える」という作業は、以下の4つのプロセスに分けられます（図3-9）。

①「答えるべき問い」と向き合う
②課題解決のために取り得るオプションを考える
③意思決定に必要な情報を収集する
④何を為すかという「意思決定」を行う

①の「答えるべき問い」については、P.14で紹介しましたね。簡単に振り返ると、「そもそも自分が何のためにこの取り組みをしているのか」「この取り組みにおいて何が最も重要な『問い』なのか」を見極めるということです。

今回の例でいえば、「売上を増やしたいのか、利益率を上げたいのか」などの、

図3-9：アクションを考える4つのプロセス

目指すべき目標との乖離を明確にすることになります。

続いてはその目的を踏まえ、仮説思考で明らかになった課題について、どういうオプションがあるのかを考えます（②）。例えば**ある商品に関して、首都圏で欠品が頻発している」という課題がある場合、どういうオプションが考えられるでしょうか**。目的が「売上を増やす」で、課題が「首都圏の欠品」の場合には、「商品を増産する」「流通によって在庫の相互融通をする」などが挙げられるでしょう。あるいは、「その商品についてはあきらめて、別の商品に注力する」という選択肢もあるかもしれません。

こうして「課題に対するオプション」を洗い出せたら、次はそのオプションを評価していきます（③）。**「評価」というのは、考えたオプションが妥当かどうかを見極める、ということです**。今回の場合、「増産に踏み切るべきか」「在庫を融通すべきか」が最も大きな決断になりますので、まずはこの見極めのために、必要な情報を集めます。具体的には、「在庫が偏在しているのかどうか（確かに首都圏には足りないが、他のエリアには余っているということはないか）」などを調べるべきでしょう。必要な数字情報としては、首都圏以外エリアの欠品状況を示す「欠品率」や在庫の総量をエリアごとに確認するための「エリア別流通在庫」などが挙げられます

なお、オプションの評価に際しては、必ずしも数字情報だけにこだわる必要はありません。必要に応じて、関係各所へのヒアリングや、顧客アンケートなどをとってもよいでしょう。**ここで適切なアクションを見極められるかどうかが成果を得られるかどうかの瀬戸際ですから、しっかりと納得できるだけの情報を集めるべきです**。

そして最後に、これらの情報を踏まえたうえで「意思決定」をします（④）。なお、ここでどちらに向かうべきかが、「合理的に決まる」と考えてはいけ

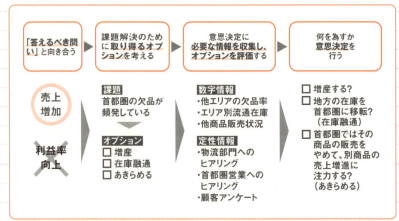

図3-10:「アクションを考える」作業の内訳

ません。どの選択肢を選ぶべきかについて、**誰かが勝手に答えを選んでくれるわけではありません**。「意思決定」という言葉通り、自分たちがどの方向に向かうのかという「意思」を、自ら決定するのです。

今回の場合、「首都圏以外の在庫を首都圏に移転する」というのが最も妥当な対策かもしれません。ただ、「答えるべき問い」を「売上増加」と設定したことを思い出すならば、「首都圏向けに増産」および「他エリアでの営業強化」という選択肢もとれます。

あるいは、反対に「東京ではその商品を売らない」という結論もありえるでしょう。その場合は、「他のエリアで在庫が余っているその商品を移転させてさばいていくよりも、他の商品を頑張って売るほうが顧客満足度向上につながり、中長期的な売上向上に寄与する」という意思決定をしている、ということになりますね。

このような検討をしっかりと行い、どの方向に向かうかを決めることが「アクションを考える」という作業です（図3-10）。

実行計画と成果測定が成功の鍵

どの方向に向かうかが決まったら、具体的に何をどのように実行していくのかを考えましょう。「アクションを実行する」は、以下の3つのプロセスに分けられます（図3-11）。

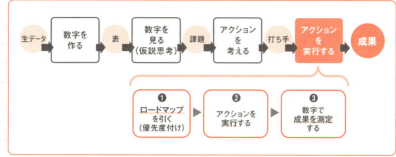

図3-11：アクションを実行する3つのプロセス

①ロードマップを引く
②アクションを実行する
③数字で成果を測定する

　アクション実行の際に最初にやるべきことは、**「何を、どの順番で、いつまでにやるのか」を明確にしたロードマップを作成することです**（①）。「アクションを考える」フローで決めた方向性に従って、具体的に「やること」と「その優先度」を整理していきましょう。

　今回は検討の結果、「基本方針は他商品の拡販であり、増産はしない」という意思決定をしたと仮定します。この場合、基本方針としては「他商品の拡販」、すなわち「この商品の販売は力を入れず、そのぶん他の商品を頑張って売っていく」ということですから、これは社内リソースを再配置することを意味しますね。

　増産をしないわけですから、いずれこの製品は販売を終了することになります。ただし現時点で販売は続いていますし、しかもこの商品は首都圏で欠品を起こしているわけですから、短期的には在庫余りをしているエリアから、首都圏に在庫を移管する必要はあるでしょう。また生産部門が「部品在庫がたくさん残っているから、しばらくは販売を続けていきたい」と考えているならば、首都圏以外のエリアでの継続販売は検討する必要があります。

　図3-12は、上記を踏まえたロードマップの一例です。このロードマップは、「直近3か月は地方在庫を首都圏に移転して需給を改善する。その間に後継品への切替を進め、半年後には首都圏で当該商品を終売とする。その後、他エリアでも切替を進め、1年後には地方でも終売とする」という内容に準じています。

図3-12はあくまで一例ですが、このように決定したアクション（売上向上のための施策として、欠品の増産はせず、別商品の拡販に注力する）に対して、いつまでに何を行うかを明確にしておくことが重要です。

　ロードマップを作成したら、このロードマップに従い、粛々とアクションを実行します（②）。この部分の業務内容は数字とはかけ離れますので割愛しますが、忘れてはならないのは、**アクションの実行中、実行後に、「必ず数字で成果を測る」ということです**（③）。

　今回の場合、主目的は「売上を増やすこと」ですので、商品の切替によって売上が落ちることは可能な限り回避されるべきです。ですから、**回避できているかどうかは、数字によってしっかりとチェックされねばなりません**。また、売上増進を目指すわけですから、切り替える商品がどのエリアでどの程度浸透しているのかを、適切に把握しておくことが求められます。

　一方で、終売することを決めた商品をたくさん作り続けるわけにはいきませんので、部品在庫の量なども踏まえて、終売に向けた在庫量のコントロール状況もチェックする必要があるでしょう。

　これらの成果を測るためにチェックすべき数字（目標値：KPI = Key Performance Indicator）に何を用いるのか、またその目標値として、いつの時点で、どの程度を目指すのかについては、あらかじめ決めておかなければな

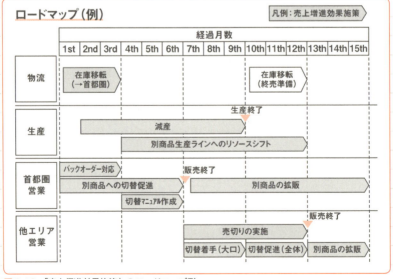

図3-12：「売上促進効果施策」のロードマップ例

りません。**ロードマップを引いた時点で、これらがしっかりと設定されていることが望ましいです**（図 3-13）。

　なお、数字でチェックした結果、しっかりと成果が出ていればそれでよいのですが、思ったような成果が出ていない場合には、仮説思考を用いて原因究明を行わなければなりません。そのうえで、「A.当初想定していた成果に近づけるためにできることを考える（＝対策検討）」と、「B.同様の見込み違いが起こらないように次回の教訓とする（＝再発防止策検討）」という２つの対応を行うことになります（図 3-14）。

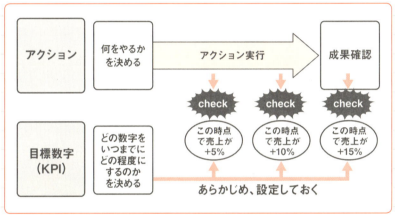

図 3-13：「どの数字をどのくらい動かしたいか」をあらかじめ定義する

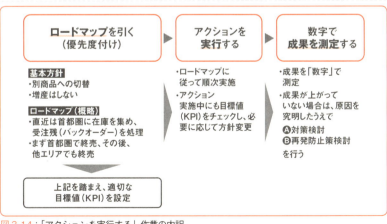

図 3-14：「アクションを実行する」作業の内訳

愚直に成果を目指せば、結果的に数字力が身に付く

「アクションを考え、それを実行し、その成果を確認する」という一連の流れを行うことで、数字とビジネスが一体になります。このサイクルを繰り返していけば、**日々の業務を数字で理解することもできるようになりますし、同時に数字を見て業務の状況を理解することもできるようになるはずです。**

これは「ニワトリが先かタマゴが先か」という話と似ていますが、「日々の業務を数字で理解すること」と、「数字を見て業務の状況を理解すること」は、表裏一体の関係です。どちらか一方が、先にできるようになるわけではありません。仮説思考と、それを受けたアクションの実行を繰り返していく中で、自然と育まれていきます。あとは実践あるのみ！です。

> **Column**
>
> ### 柔軟な発想で「意思決定」を！
>
> 「どんなアクションを実行するか」という「意思決定」の部分は、数字だけでは決められない部分です。ですから、なるべく柔軟な発想、多様な視点で取り組む必要があります。
>
> 例えば、ある法人営業部で、販売不振の原因は「顧客への訪問頻度が低いこと」だとわかったとします。この場合、どういう打ち手をとるべきでしょうか。
>
> 「顧客への訪問頻度を上げよう」と考えるのは短絡的です。「そもそも訪問頻度を上げることが本当によいことなのか」という視点を持ってください。
>
> ひょっとすると、訪問頻度が低くなっていることには別の原因があるかもしれません（例えば顧客から「繁忙期の訪問は控えてほしい」という要望があるなど）。その原因を解決せずに「訪問頻度を増やす」という目標を掲げても、訪問頻度が一向に増えなかったり、訪問頻度を増やしても売上に影響が出なかったり、ということが起こりえます。
>
> つまり、この場合の「答えるべき問い」は、「どうすれば法人営業部の売上が伸ばせるか」であり、「どうすれば法人営業部の訪問回数を増やせるか」ではないのです。
>
> あるいは、さらに前提を覆してしまって「法人営業部は、現在の売上を維持する」「余剰人員を他の部門に回して拡販を行う」ということも視野に入れても構わないと思います。意思決定の際は、このように様々な角度から検討する必要があるのです。
>
> 数多くあるオプションの中で、最も「ビジネスの実態に即したもの」を見極めて、実行していくことが重要です。

ケーススタディで考えてみよう！

あるレストランチェーンの事例で考える

　ここまで、数字を見て「気付き」を得るところから、実際にアクションを実行して検証するまでのフローを解説してきました。

　では、ここまでの総まとめとして、「成果を得るために数字を使って考える」というのはどういうことなのかを、簡単なケーススタディで考えてみましょう。

　ここで紹介するケーススタディでは、架空の飲食店チェーン「XLSフード」の売上の変化を、数字を使って掘り下げていきます。ケーススタディは6つのSTEPに分かれていますが、そのうち直接的に数字を扱うのはSTEP1、3、4、6です（図3-15）。ビジネスにおいて成果を得るために、「どのように数字が活用されているのか」に注目してください。また、できれば流し読みをするのではなく、**実際の「表」を見つつ、「もし自分がこの状況に置かれたならば、何をどう考えてどういう判断を下すのか」を一緒に考えながら読むと、より理解が深まる**と思います。なお、ここで使用するEXCELシートはWebよりダウンロードできますので（P.7参照）、実際にサンプルを見ながら読み進めてもよいでしょう。では、さっそくケーススタディを始めます。

図3-15：ケーススタディの流れ

STEP ①「気付き」を得る

　地域内に6店舗（繁華街2店、ビジネス街2店：ロードサイド2店）の飲食店を展開する「XLSフード」が、月々の全店売上をチェックしました。その結

	A	B	C	D	E
1		2015年4月	2015年5月	2015年6月	2015年7月
2	全店売上	35,114,000	35,103,000	32,800,900	32,232,800
3	前月差		-11,000	-2,302,100	-568,100
4					

6月以降の売上の落ち込みが激しい（気付き）

図3-16：XLSフードの全店売上

果、毎月売上が減少傾向にあることがわかりました。図3-16を見てください。これを見て、あなたはどう思いますか。6月に急落し、7月はさらに落ち込んでいることがわかるはずです。特に6月の落ち込みの激しさは、非常に気になりますね。

　これが「気付き」です。**まず「全体的に減少傾向である」という実態を把握したうえで、「6月に何か大きな変化が起こっている」ということに「気付く」わけですね**。では、この「気付き」を元に、次のSTEP「仮説を考える」に移りましょう。

STEP ②：仮説を考える（仮説構築）

　仮説構築とは、「どうして6月に下がっているのだろうか」ということを、自身の経験や業務知識を基に「想像する」ことでしたね。今回の例でいえば、例えば次のようなことが想像できるかもしれません。

- **梅雨時だったので、ビジネス街のランチ需要が下がったのかな（でも、だとしたら7月に盛り返していないのは納得がいかないな）** 仮説 X
- **駅前再開発でチェーン居酒屋が複数店新規オープンしたために、繁華街の飲み会需要を奪われてしまったのかな（確かに「人の流れは変わった」と店長がいっていたが、そこまで大打撃だとは聞いていないのだが…）** 仮説 Y
- **メニュー変更などによって、客単価が大幅に下がったのかな（そんな大幅な商品変更はしていないはずだけれど…）** 仮説 Z

　これらの想像が、とりあえずの「仮説」となります。次のSTEPは、こうして想像した「仮説」を検証するために、実際の数字を見てみることです。

STEP ③：仮説の検証

　仮説検証というのは「仮説（想像）が、合っているかどうかの答え合わせをする」ということでしたね。ちなみに、仮説はいくら間違っていても構いません。**仮説検証の目的は、自分の賢さ・正しさを証明することではなく、真実を知ることだからです。**

　さて、先ほどの3つの「仮説」を検証しようとすると、次のようなことをチェックしなければなりません。

- 繁華街、ビジネス街、ロードサイドの、どのタイプの店の売上が落ちているのか　仮説X ➡ 検証X
- ランチ、飲み会（ディナータイム）などの利用シーンでは、どこの売上が落ちているのか　仮説Y ➡ 検証Y
- 客数が減っているのか、客単価が下がっているのか（売上＝客数×客単価なので、売上が下がっているということは、客数と客単価の「どちらか」あるいは「両方」が下がっているはず）　仮説Z ➡ 検証Z

　実際にチェックした結果が、図3-17、図3-18、図3-19です。では、それぞれを見ていきます。

　図3-17は、仮説Xの検証結果です（検証X）。これを見ると、ロードサイド店の売上が6月以降大幅に下がっている一方、**繁華街とビジネス街の売上に大きな増減はありません**（繁華街は微減、ビジネス街は微増）。**仮説Xは「ビジネス街のランチ需要が下がっているのでは」ということでしたが、仮説は外れた**

	A	B	C	D	E	F
1	集計区分	店舗タイプ	2015年4月	2015年5月	2015年6月	2015年7月
2	月次売上	ロードサイド	10,534,600	10,617,700	8,293,500	7,732,500
3		繁華街	13,076,800	13,033,300	13,011,900	13,003,200
4		ビジネス街	11,502,600	11,452,000	11,495,500	11,497,100
5	前月差	ロードサイド		83,100	-2,324,200	-561,000
6		繁華街		-43,500	-21,400	-8,700
7		ビジネス街		-50,600	43,500	1,600
8						

（上部注釈）ロードサイドの売上は大きく下がっている
（下部注釈）繁華街やビジネス街はあまり下がっていない

図3-17：検証X　どのタイプの売上が落ちているのか

ようです。

一方図3-18は、仮説Yの検証結果です（**検証Y**）。これを見ると、**喫茶需要の落ち込みが顕著ですが、ランチやディナーの売上は堅調に推移していますね**。仮説Yは「ランチや飲み会（ディナータイム）の需要が落ちている」ということでしたので、**こちらも仮説は外れたことになります**。

最後の図3-19は、仮説Zの検証結果です（**検証Z**）。仮説は「客数ではなく客単価が下がった」ということでしたが、**仮説と異なり客数が減少していますね**。客単価はほぼ横ばい、むしろ上がっています。

ここまでの検証の結果、仮説はことごとく外れていたことがわかりました。一方、この分析でわかったのは次のようなことです。

- 売上が落ちていたのはロードサイド店である
- 喫茶需要の落ち込みが激しい
- 低迷の理由は「客数」の減少である

「喫茶需要の落ち込みが激しい」

	A	B	C	D	E	F
1	集計区分	商品タイプ	2015年4月	2015年5月	2015年6月	2015年7月
2	月次売上	ランチ	7,223,800	7,173,600	7,233,200	7,228,800
3		ディナー	15,857,500	15,868,500	15,856,000	15,957,500
4		喫茶	12,032,700	12,060,900	9,711,700	9,046,500
5	前月差	ランチ		-50,200	59,600	-4,400
6		ディナー		11,000	-12,500	101,500
7		喫茶		28,200	-2,349,200	-665,200
8						

「ランチやディナーの売上は堅調に推移」

図3-18：**検証Y** どの利用シーンの売上が落ちているのか

「客数の減少が起こっている」

	A	B	C	D	E	F
1			2015年4月	2015年5月	2015年6月	2015年7月
2	全店	来店客数（人）	32,485	32,454	29,117	28,132
3		客単価（円）	1,081	1,082	1,127	1,146
4	前月比	来店客数（人）		-31	-3,337	-985
5		客単価（円）		1	45	19
6						

「客単価はほぼ横ばい」

図3-19：**検証Z** 客数・客単価のどちらが落ちているのか

この3つを踏まえると、**「ロードサイドの喫茶需要について、客数が減っているのではないか」**という仮説が立てられます。また、そう考えると客単価が上がる理由も想像できます。「喫茶＝低単価のお客様が減ったために、平均単価が上がったのではないか」と考えることができますね。

STEP ④：さらに深く「数字で」考える（再検証）

では、ここでもう一歩踏み込んで「店のタイプ」と「利用シーン」の2つの軸で、「売上」と「客数」を分析してみましょう。これは「ロードサイドの喫茶需要について、客数が減っているのではないか」という新しくできた仮説を検証することを意味します。

図3-20は、店舗タイプ別の来店客数と客単価の推移です（深堀りα）。これを見ると、ロードサイド店の客数の落ち込みが顕著であることがわかりますね。**やはり、ロードサイド店で何かが起こっているようです。**

一方図3-21は、店舗タイプごとの、商品タイプ別売上の推移です（深堀りβ）。特に6月の前月差に注目してください。ロードサイドの喫茶需要の落ち込みが

	A	B	C	D	E	F
1	(実績)		2015年4月	2015年5月	2015年6月	2015年7月
2	来店客数	ロードサイド	12,088	12,094	8,770	7,903
3		繁華街	8,736	8,680	8,670	8,634
4		ビジネス街	11,661	11,680	11,677	11,595
5	客単価	ロードサイド	871	878	946	978
6		繁華街	1,497	1,502	1,501	1,506
7		ビジネス街	986	980	984	992
8						
9	(前月差)		2015年4月	2015年5月	2015年6月	2015年7月
10	来店客数	ロードサイド		6	-3,324	-867
11		繁華街		-56	-10	-36
12		ビジネス街		19	-3	-82
13	客単価	ロードサイド		6	68	33
14		繁華街		5	-1	5
15		ビジネス街		-6	4	7
16						

ロードサイドの来客数の落ち込みが顕著

図3-20：深堀りα　店舗タイプ別 来店客数と客単価の推移

	A	B	C	D	E	F
1	(実績)		2015年4月	2015年5月	2015年6月	2015年7月
2	ロードサイド	ランチ	1,903,200	1,911,300	1,924,300	1,908,500
3	ロードサイド	ディナー	2,368,000	2,402,000	2,409,000	2,454,500
4	ロードサイド	喫茶	6,263,400	6,304,400	3,960,200	3,369,500
5	繁華街	ランチ	1,433,800	1,385,900	1,422,000	1,445,900
6	繁華街	ディナー	9,458,000	9,490,500	9,430,500	9,425,000
7	繁華街	喫茶	2,185,000	2,156,900	2,159,400	2,132,300
8	ビジネス街	ランチ	3,886,800	3,876,400	3,886,900	3,874,400
9	ビジネス街	ディナー	4,031,500	3,976,000	4,016,500	4,078,200
10	ビジネス街	喫茶	3,584,300	3,599,600	3,592,100	3,544,700
11						
12	(前月差)		2015年4月	2015年5月	2015年6月	2015年7月
13	ロードサイド	ランチ		8,100	13,000	-15,800
14	ロードサイド	ディナー		34,000	7,000	45,500
15	ロードサイド	喫茶		41,000	-2,344,200	-590,700
16	繁華街	ランチ		-47,900	36,100	23,900
17	繁華街	ディナー		32,500	-60,000	-5,500
18	繁華街	喫茶		-28,100	2,500	-27,100
19	ビジネス街	ランチ		-10,400	10,500	-12,500
20	ビジネス街	ディナー		-55,500	40,500	61,500
21	ビジネス街	喫茶		15,300	-7,500	-47,400

6月の前月差は200万円以上の下振れ

やはりロードサイドの喫茶需要が大きく減少している

図3-21：**深堀りβ** 店舗タイプ×商品タイプ別 売上の推移

200万円以上となっていますね。

今回の検証の結果、「ロードサイド店の喫茶需要に関する客数が落ち込んでいる」ということがわかりました。 つまり、今回の仮説は正しかったということですね。

ここまでの検証で、ロードサイド店に問題が潜んでいることは明らかですが、XLSフードのロードサイド店は2店舗あります（A店とE店）。

そこで、念のためA店とE店のどちらが落ち込んでいるかを調べてみます。ひょっとすると、どちらか一方が落ち込んでいて、どちらか一方は好調なのかもしれませんので、個別の店舗で確認してみましょう（**深堀りγ**）。

図3-22は、A店とE店の売上比較です。両方とも同じように売上が落ち込んでいますが、特にE店のほうが激しく下がっています。つまり、**A店にもE店にも同時に影響を与え、かつE店のほうにより強く影響が出るような「何か」が起こっているということになります。**

第1部 ビジネス数字力養成編

第3章 「数字」を仕事に活かそう！

	A	B	C	D	E	F
1	(実績)		2015年4月	2015年5月	2015年6月	2015年7月
2	売上	A店	5,333,600	5,300,800	4,565,500	4,316,500
3		E店	5,201,000	5,316,900	3,728,000	3,416,000
4	客数	A店	6,070	6,026	4,959	4,577
5		E店	6,018	6,068	3,811	3,326
6	客単価	A店	879	880	921	943
7		E店	864	876	978	1,027
8						
9	(前月差)		2015年4月	2015年5月	2015年6月	2015年7月
10	売上	A店		-32,800	-735,300	-249,000
11		E店		115,900	-1,588,900	-312,000
12	客数	A店		-44	-1,067	-382
13		E店		50	-2,257	-485
14	客単価	A店		1	41	22
15		E店		12	102	49

図3-22： 深堀り▼ A店とE店の比較

A店、E店ともに売上が下がっているが、E店の減少はより顕著

STEP ⑤：数字で見えてきたことをビジネス判断（打ち手）につなぐ

　ここまでの検証を踏まえ、次に実際のビジネスの「打ち手」を考えます。なお、このフローは、数字やデータ分析の話ではありません。逆に、実際のビジネスにおいて、机上ですべてを究明する必要はありません（実際、できもしません）。よって、机上の数字のみで考えるのではなく、積極的に現場の意見も聞いてみるとよいでしょう。まずやるべきことは、ロードサイド立地のA店・E店の双方に影響を与えるような出来事は何か、店舗マネジャーにヒアリングすることでしょう。その際は、ここまでの分析結果（EXCELの表）を見ながら話すことになります。本書の第1章で解説した通り、「数字は共通言語」だからです。

　ヒアリングしてみると、A店とE店の通る国道に、以前から工事していたバイパスが開通し、交通量が大きく下がったことがわかりました。A店はバイパスの入口付近なのでまだましですが、**バイパスの出入口から離れたE店は交通量の変化の影響をもろに被ってしまったようです**。

　ただその一方で、ディナーやランチの落ち込みが軽微なのは、バイパスに影響を受けない近隣の住民や勤め人の方々に下支えされていることもわかりました。

　そこで、A店やE店の店舗マネジャーとも相談した結果、図3-23のような施策を実施することにしました。

目的	施策
①ランチやディナーに来ているお客を喫茶時間帯にも誘導する(クロスセル)	ランチ、ディナーの来店客に、14時〜17時に使える割引クーポンを渡す
②ランチやディナーに来ていない近隣客を喫茶時間帯に呼び込む(新規獲得)	●近隣のオフィスやマンションにチラシをポスティングする ●マンション向けチラシには、主婦層をターゲットに、「お子様にハーフサイズのソフトクリームをプレゼントする」という旨を記載する
③これまで来店していた長距離移動のお客を喫茶時間帯に呼び戻す(リテンション)	●バイパスの入口に店舗案内の看板を設置する(存在を思い出してもらう) ●地元のFM局で、14時〜16時の時間帯にラジオCMを流す

図 3-23：XLS フードの施策

STEP ⑥：結果検証

　以上のフローで、「分析」→「判断・意思決定」が完了したわけですが、**ここで大事なことは「やりっぱなしでは終わらない」ということです**。図 3-23 の施策（チラシ配りやラジオ CM など）を行った結果、翌月（8月）や、翌々月（9月）には、どうなったのかを確認しなければいけません。

　狙い通り喫茶のお客様は増えたのか。増えた場合、それは家族連れだったのか（つまり無料のハーフサイズ・ソフトクリームがたくさん出たのか）、あるいは近隣のオフィスの人だったのか（つまり割引クーポンが使われたのか）などを「数字」で確認しましょう。施策の効果が売上増という形で現れていれば、まさに「成果（アウトカム）を得られた」ということになりますね。

　もちろん喫茶需要が回復したとしても、そこで安心してはいけません。喫茶需要が増えても、喫茶で利用した主婦が、「昼にも来たのだから、夜は来なくてもよい」と考えてしまうと、せっかく堅調だったディナーの売上に悪影響が出るかもしれません。あるいは、ビジネス街のお客を奪ってしまっている可能性もあります。こういう懸念点を洗い出し、**継続的に数字を用いて確認していくことが重要**です。

　さて、ここまでローカル飲食店チェーン「XLS フード」のケーススタディを紹介しました。「数字を使って考える」「数字を使って成果を得る」ということについて、具体的な仕事の流れをイメージできたでしょうか？

　ちなみに今回紹介した分析は、筆者が作成した約 12 万件の販売データ（生データ）を使って行っていますが、**すべての集計処理は EXCEL の超初歩的な機能「だけ」で実現しています**。具体的な方法については第 5 章で紹介します。

05 数字を「作る力」と「読む力」、どちらが重要？

本章の最後に、「数字に関する能力」についてのお話をしておきましょう。数字に関する能力は、大きく分けて２つあります。**それは、「数字を作る力（作業能力）」と「数字を読み解く力（解釈能力）」**です。「作業能力」とは、ツールを使いこなして生データを加工したり、集計したり、グラフ化したりする力です。一方「解釈能力」とは、数字をビジネスと結び付け、成果を導き出す力のことです。

作業能力も解釈能力も、どちらも非常に重要です。両方がしっかりと組み合わさることで初めて、数字をビジネスに活かすことができるようになります。

一方で、**作業能力と解釈能力は全くの別物でもあります**。どちらかの能力を身に付けたら、もう一方の能力も自然と身に付く、というものではありません。

ではみなさんは、作業能力と解釈能力のどちらを、より積極的に身に付けていくべきでしょうか。

もちろん両方身に付けるのが理想ですが、これは野球でいえば「エースで４番」のようなものです。両方の能力を身に付けるのは、容易なことではありません。

筆者は、もしも「どちらか一方しか選べない」というのならば、「解釈能力」を身に付けることをおすすめします。

作業能力は、鍛えれば誰でもできるようになります。そしてある程度習熟すると、そこから先はルーチンワークになっていきます。もちろん、本当に極めようとすれば奥深いものがありますが、「実務で求められるレベル」ということでいえば、（一部の職種を除いて）そこまで高度なものは求められません。よって、多少のスキルを身に付けたからといって、ビジネスマンとして秀でた差別性を獲得できるとは限りません。

それに対して解釈能力は、「どこまでやったから十分」といった基準がありません。**「常に一歩先を目指す」「ベターを求め続ける」ということの繰り返しです**（図3-24）。

さらに、数字を読み解き解釈するということは、ビジネスの実務と密接に関わりますので、「これとこれをやれば万事OK」というわけにもいきません。**なかなか鍛えにくい能力であるがゆえに、身に付ければ非常に強い武器になります**。誰でもできる能力を必死で習得するよりは、身に付けたことによって他者と差別

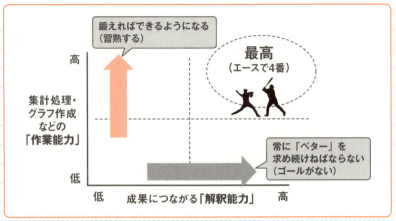

図 3-24：作業能力と解釈能力

化できる能力を鍛えたほうが、ビジネスにおいても価値貢献がしやすいはずです。もちろん、キャリア形成においても有利に働くことでしょう。

もちろん、作業能力も解釈能力も「どちらか一方しか鍛えられない」ということはありませんから、両方の能力を磨くことを目指すべきです。ただリソースの配分として、「2：8」くらいでよいのではないかと思います。もちろん作業能力が2で、解釈能力が8です。こまごまとしたEXCELの操作を覚えるより、**数字を読み解いて「勘・経験・嗅覚」と融合させていくこと、そして仮説の構築や検証、打ち手の検討や実行によって、成果を生み出すことに力を注ぐべきです。**

では、「作業能力」はどの程度のスキルが必要なのでしょうか。「解釈能力のほうが大事」とはいえ、「作業能力ゼロ」では困ります。もしみなさんが部課長などの管理職であれば、筆者は次のような能力は、最低限身に付けておくべきだと思います。

①部下やメンバーに作業指示をする際に、的外れなことをいわない
②作業の結果、上がってきた数字が間違っていないかを自分でチェックできる
③必要な数字だけを抜き出して、別表としてまとめられる
④手元に上がってきた数字を、集計単位を変えて再集計したい場合に、自分で対応できる
⑤いざというときに、（多少時間がかかっても）生データから再集計ができる

このうち、①と②は、「作業管理者としての能力」です。正しく作業依頼を行うためには、「どういうことならば簡単に実施できて、どういうことは難し

いのか」といったことを理解しておく必要があります。また、作業の詳細がわからないからといって、すべてを丸投げしてしまうのは、管理職としての責任を放棄しています。実際にチェック作業を行うかどうかは別にしても、**その気になれば、最低限のチェックを自分で行えるようにしておくべきでしょう。**

一方③と④は、「効率を上げるための能力」です。**細かな修正や、ごく簡単な追加作業をいちいち誰かに依頼するのは時間の無駄です。**ですから、本当に微細な修正や、再集計などの処理は自分でできるようになっていることが望ましいです。

最後の「⑤生データを再集計できる」というのは、必須ではありませんが、これがあれば怖いものなしのスキルです。いわば「緊急対応のための能力」ですね。正直な話、集計した結果が合ってさえいれば、作業に時間がかかったり、他人が見て途中経過がわからないようなやり方であったりしても、業務上は困りません。「スタッフが急病になった」とか、「土曜の昼に思いついた仮説を月曜朝の会議までに検証したい」とか、そういう緊急事態に直面した際に、「部下がいないからできません」では困ります。100点満点でなくてもよいので、意思決定のための数字を自分で作れれば、仕事の幅は大きく広がります（図3-25）。

これらの基本的なスキルをEXCELで身に付けてしまうことが、数字を仕事に活かすことができる人材になる近道です。まずはそういう人材になることを目指しましょう。そのうえで、必要に応じてEXCELをさらに向上させたり、より高度なデータ処理ツールの習得に取り組むのもよいでしょう。あるいは、作業能力も解釈能力も高い「エースで4番」を目指しても構いません（図3-26）。

以上が、数字を仕事に活かすための方法論です。単に数字が作れるだけでもダメですし、数字を意図もなくただ漫然と眺めていてもダメです。繰り返しになりますが、**常にビジネスに対してよい影響を与えられることを目指し、最終的に「成**

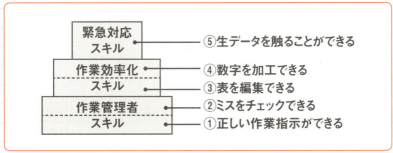

図3-25：管理職に求められる作業能力

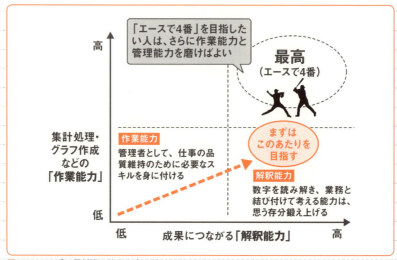

図 3-26：まずは最低限の能力を身に付ける

果」を得ることが、「数字を仕事に活かす」ということです。

　本書が「数字力」という言葉をタイトルに掲げながら、非常に多くのページを、数字を直接は用いない「考え方」や「仕事の進め方」に割いているのはそのためです。ある程度数字を EXCEL で操れたとしても、それは**「数字力がある」とはいえないのです**。積極的に数字とビジネスと紐付けて考え、成果を出すことが重要です。

　ここまで述べてきた方法論は、基礎中の基礎ですが、**その一方で非常に本質的なことでもあります**。また、本書で語っている数字との付き合い方・読み解き方、および数字をビジネスに活かすための方法論は、筆者が様々なコンサルティングプロジェクトを実践してきた中で見出したものです。筆者が後輩コンサルタントに「数字のイロハ」を教えるとしたら、本書で述べてきた内容を教えるでしょう。もちろん、みなさんにとっても、数字力を高める一助になるureを祈っています。

　さて、次章以降は、前述した最低限の「作業能力」について解説していきます。「解釈能力」についての解説は以上で終了ですので、「EXCEL スキルには自信がある」という人は、ここで本書を閉じていただいて結構です。お疲れ様でした。

　一方で、数字の「解釈能力」はわかったが、「最低限の『作業能力』」として挙げられた5つのスキルに自信がないという人は、ぜひ次章へと読み進めてください。

第 2 部　数字を操る EXCEL 実務 編

第 4 章

EXCELで数字を操る前に知っておきたいこと

ここからは、いよいよ EXCEL を用いて
数字を操る方法について解説してきます。
ただし、EXCEL 操作を解説する前に、
まずは「EXCEL 活用のルール」を覚えておかなくてはいけません。
ここでは、そのルールを紹介していきましょう。

EXCELは「万能すぎる」ツールだ！

　EXCELを使ったことがないという人はいないでしょう。実際、数字に関する資料はEXCELでまとめられているケースが多いですよね。

　EXCELの用途は、「数字を扱うため」だけではありません。議事録などの文書を作るときにWordではなくEXCELを使う人もいますし、申込書などの入力用フォーマットとして利用している人、スケジュール管理のガントチャートとして使っている人もいます。こういう人たちは、EXCELを「数字を扱うツール」としてではなく、「文書ツール」として使っているわけですね。

　こういう「数字を扱わないEXCELの使い方」が世の中に浸透していることは、決して悪いことではありません。しかしそのせいで、**EXCELが本来の力を最も発揮するはずの「数字を扱う場面」に直面した際に、戸惑う人がたくさん出てしまうという大変皮肉な結果を招いています。**

　ですから、もしあなたがEXCELで「正しく数字を使いたい」と思うならば、EXCELの最低限のルールを覚えておかなければなりません。まず大前提となるルールは、**「EXCELは表計算ソフトだ」**と認識することです。

▍表計算ソフトは、表形式で集計するために使うべし

　表計算ソフトとは、文字通り「表」の形で「計算」をするためのソフトです。「表」は縦と横の二次元で表現されていて、そこに入っている数字を「計算」することを「表計算」と呼びます。

　例えば売上1万円、コスト6千円のとき、利益は4千円です。あるいは、単価が1千円のものを20個販売すると、売上は2万円です。これを表計算ソフトであるEXCELで「表」の形で示すと、図4-1のようになります。このとき、利益は「売上ーコスト」で算出できますし、売上は「単価×販売数量」で導き出せます。この「計算」をやってくれるのが「表計算」です。EXCELは、本来この目的のために作られました。**EXCELは表計算ソフトですから、この「計算」部分にこそ価値があるのです。**

　また、EXCEL画面の横軸には左から右に「A、B、C、D、E…」というア

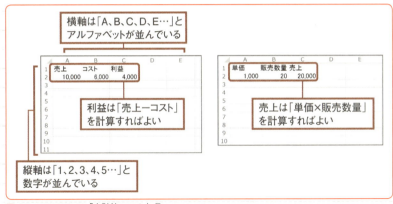

図 4-1：EXCEL は「表計算ソフト」①

ルファベットが並んでいます。また縦軸には、上から下に「1、2、3、4、5…」と数字が書かれていますね。横向きに並ぶ文字は「列」を示し、縦向きに並ぶ数字は「行」を示しています。**「何を当たり前のことを」と思うかもしれませんが、これこそが「表計算」を目的としたソフトであることの証なのです。**

議事録を書いたり、入力フォーマットとして使ったりするだけであれば、これらのアルファベットや数字にはほとんど意味がありません。しかし、表計算ソフトとして使おうとすると、これらが突然その威力を発揮します。

先ほどの例でいうなら、「売上」は「A列」の「2行目」ですので、「A2」という番地で表現することができます。「コスト」は「B列」の「2行目」ですから「B2」ですね。同様に「利益」は「C2」です。前述した通り「利益」は「売上－コスト」で計算できるわけですから、**これを番地で表現すると、「C2」は「A2－B2」で計算できる、すなわち「C2=A2－B2」ということになります。**

もう1つの例でも、「単価（A2）」、「販売数量（B2）」、「売上（C2）」の関係性は、「C2=A2×B2」と表現できますね（図 4-2）。

「C2」という番地は、最初の例では「利益」を示し、もう1つの例では「売上」を示します。しかし EXCEL は、そのセル（C2）が「売上」なのか「利益」なのかは、一切気にしていません。「A2」や「B2」についても同様で、純粋に「A2」「B2」「C2」という番地だけを「情報」として使っています。このように、**情報を番地によって把握し、その番地に入力された数字を使って別の番地に計算結果を表示するということが、EXCEL という表計算ソフトの最大の特徴です。**

この機能こそが EXCEL の本質であり、神髄です。繰り返しになりますが、まずは「EXCELは表計算ソフトだ」ということをしっかりと理解してください。

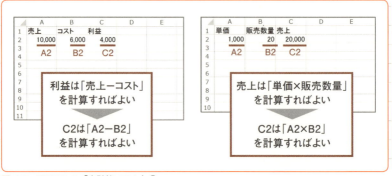

図4-2:EXCELは「表計算ソフト」②

「自由度が高すぎる」ことがEXCELの欠点

　そんな表計算ソフトのEXCELですが、本気で数字を扱おうとすると、「表計算」の域を超えたとんでもなく高度なことができます。例えば、「VBA」(Visual Basic for Applications)がその代表でしょう。VBAはEXCELをより便利に使うためのプログラミング言語です。VBAを使うことで、特定のセルや行、列の内容を一定のルールに基づいて書き換えたり、表やグラフを自動的に作成することが可能になります（例えばEXCELの「マクロ」も、VBAによって実装されています）。

　このように、「表計算」という本来の基本機能から離れたことまで実現できてしまうのがEXCELのスゴいところですが、そのEXCELにも問題があります。

　その問題とは、「EXCELは自由度が高すぎる」という点です。「え、それの何がいけないの」と思う人もいるでしょうが、**実はこの自由度の高さが、逆にEXCELの使いにくさにつながっている側面があります。**

　「EXCELは自由度が高すぎる」という言い方が抽象的すぎるなら、「EXCELはデータベースのようでデータベースではない」といってもよいかもしれません（正確にいうとDBMS、すなわちデータベースマネジメントシステムではない、ということになります）。

　データベースとは、データを蓄積したり、そのデータを用いて計算したりするソフトウェアのことです。

　こう書くと、何だかEXCELに似ていますよね。そう、確かに似ているのです。**しかし、残念ながらEXCELはデータベースではありません。**

例えば、データベースにおいては「データを管理する」ということに対して、非常に厳格なルールが定められています。いくつか例を挙げます。

- データは「行」単位でしっかりと管理される
- 項目名が決まっていないと、その列に数字や文字列を入力できない
- 項目ごとに、入力してよい値の形（例えば日付や数字など）や長さが決められている。それ以外のものは入力できない
- 「その項目に何も値を入れない」ということは「『何も入れない』という値が入っている」と認識される
- 計算結果は、基本的に別の「表」に記録される（「A2」の売上と「B2」のコストを使って、その隣のセル「C3」に利益を計算する、というようなことはできない）

こう説明しても何をいっているのかよくわからないかもしれませんね。大雑把にいえば、データベースでは「ルールに従わないと、計算することはおろかデータを入力することさえもできない」ということです。

しかし、逆にこのような制約があることによって、**データベース内のデータはちょっとやそっとのことでは壊れません**。安心してデータを使うことができます。

一方EXCELはデータベースではないため、そのような厳密なルールはありません。「思いつくことは何でもできる」といってもよいでしょう。好きなセルに好きな形式の数字や文字列を入力できますし、その長さも気にする必要がありません（約3.3万字入力可能）。項目名が決まっていないといけないわけでもありませんし、好きな場所に好きなメモを書くこともできます。セルや文字に色を付けるなどの、見栄えの変更も自由です。要するにEXCELは「何でもあり」なのです（図4-3）。

そしてその結果、**EXCELでは「計算したいことを計算できない」という事態が頻繁に起こります**。例えば、数字項目に全角と半角が混在すると、足し合わせることができません。あるいは、数字と単位が一緒に書かれていたら（例えば「5人」「10円」）、計算できなくなります。

さらに、少しの操作ミスで、簡単にデータが壊れてしまいます。間違えて「Delete」キーを押してしまうとデータが消えてしまいますし、コピー＆ペーストを失敗すると、1列ズレてしまったりもします。それに気付かずに計算をしてしまった場合、当然ながら出来上がった数字は正確なものではなくなります（図4-4）。

つまり、**EXCELは「使う人が使いたいように自由に使える」**という柔軟性を重視したことで、逆にデータをしっかりと管理する能力を失ったわけです。その自由度の高さゆえに、本来最も得意なはずの表計算機能を台無しにしてしまったわけですね。そしてこの点こそが、EXCELで数字を扱う際に最も気を配らなくてはならない点でもあるのです。

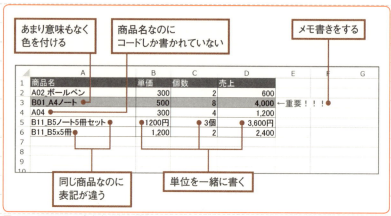

図 4-3：EXCEL は自由度が高すぎる

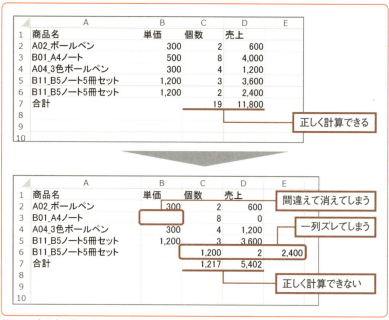

図 4-4：自由度が高すぎるゆえの弊害

EXCELは忠実で有能な部下！

「EXCELは万能すぎるがゆえに計算機能を台無しにした」と書きましたが、正しく扱えれば、EXCELは指示された通りにすべての計算をこなしてくれます。計算速度も非常に速く、計算を間違えることはありません。そういう意味では、EXCELは非常に有能な部下だともいえます。

一方で、EXCELは「指示されたこと」しかできません。もし与えられた指示が間違っていた場合には、間違った指示をそのまま実行します。つまり、忠実すぎるほどに忠実な部下なのです。**そんな忠実で有能な部下の実力を引き出せるかどうかは、EXCELの上司であるあなた次第です**（図4-5）。

上司という立場でEXCELに向き合おうとするならば、大事なことはEXCELの様々な機能を覚えることではありません。「数字をどう使って、何を意思決定したいのか」を考えることのほうがよほど重要です。

ですから、EXCELを触る前には、まず「目的」を明らかにしましょう。何のために数字を見るのか、「気付き」を得たいのか、仮説を検証したいのかなど、目的を自分で理解してからEXCELに指示を出すべきです。

多くの人が、**これらの目的が明確にならないままで作業を始めてしまい、その結**

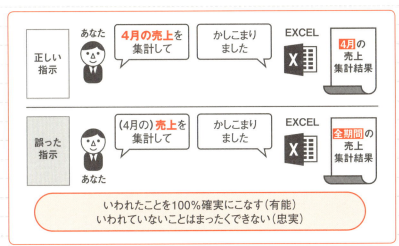

図4-5：EXCELは忠実で有能な部下

果、「数字」に踊らされてしまっています。また、大量の数字を扱う中で混乱し、本質的にはどうでもよいはずのところを深掘りするのに時間を使っています。**大抵の場合、それらは無駄な作業です。**

繰り返しになりますが、**「数字を扱う」ということは、決してEXCELをバリバリ使いこなすということではありません。**

数字によって気付いたり、仮説を検証したりすることが重要で、EXCELはそのためのツールに過ぎません。

難しいことはいったん忘れよう

「目的（やりたいこと）」が決まったら、いよいよEXCELに指示を出していくことになります。このときに注意すべきなのは、**「いきなり難しいことをやろうとしない」ことです。**

例えば、本書ではあえて取り上げませんが、EXCELには「ピボットテーブル」というデータ集計機能があります。ピボットテーブルは、生データを扱う場合に非常に強力な武器になります。しかし、いきなりピボットテーブルの使い方を覚える必要はありません。

また、EXCELには非常に便利な関数も多数ありますが（特にVLOOKUPなどは、とても便利で使い勝手がよいです）、いきなり「関数をたくさん覚えよう」と思うと大抵挫折します。

さらに、EXCEL上部にある様々なリボンメニューも同様です。リボンメニューにはたくさんのボタンが並んでおり、1つ1つのボタンが、それぞれ便利な機能を担っています。

しかしこれらを全部押したことがある人は、マイクロソフト社の開発者を除いては存在しないでしょう。

「最低限」という意味では「ホーム」タブにある「元に戻す」「罫線」「セルの色変更」「文字の色変更」「％表示」「コンマ区切り表示」「小数点以下の桁ぞろえ」の7種類を覚えておけば十分です（図4-6）。

もちろん、ピボットテーブルにせよ、EXCEL関数にせよ、様々なリボンメニューにせよ、こういうものを使いこなせば仕事の生産性は飛躍的に向上しますので、使えるに越したことはありません。

しかし、こういった様々な機能を覚えることに時間を使うのは、もう少し後でよいのではないかと筆者は思います。以前も述べた通り、「作業能力」を鍛

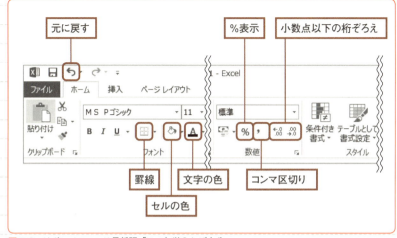

図4-6：リボンメニューは最低限「7つ」覚えれば十分

えることより、「解釈能力」を鍛えるほうが重要だからです。

　もっといえば、**これらの機能を使いこなせなくても、日々の実務を行うには十分事足ります。**

　EXCELに苦手意識がある人は、まずは最低限必要な機能だけを覚えるだけに留めて、**それらをしっかり使いこなしながら「数字について考える」ことを徹底してください**。「難しいことはいったん忘れる」というのが、EXCELへの苦手意識を払しょくするコツです。

03 EXCEL 活用のルール①　EXCEL をデータベースのように使おう！

EXCEL 活用の鍵は「ルール作り」にあり

　EXCELを活用する鍵は「ルール作り」にあります。「ルール」といっても、様々なルールを定める必要はありません。**たった3つの基本ルールを覚えておくだけでOKです**。

　ルールの1つ目は、表計算ソフトであるEXCELをデータベースのように用いるということ。2つ目は、EXCELが得意とする「『計算』と『手入力削減』の目的で使う」ということ。そして3つ目は、「データの構造を常に意識する」ということです。この3つを覚えておけばOKです（図4-7）。

　では、それぞれのルールの概要を説明していきます。まずは1つ目のルールからです。

　表計算を効率的に行うための最初の鉄則は、「データベースのように使う」という意識を持って振る舞うことです。前述した通り、データベースにはデータ管理に関する厳格な制約があり、そしてその制約によって正確な集計処理を実現しています。表計算ソフトであるEXCELにはそういった制約がないため、逆に表計算が不便になっているという話をしましたね。

　逆にいえば、**自分自身でルールを決め、そのルールを遵守することにより、**

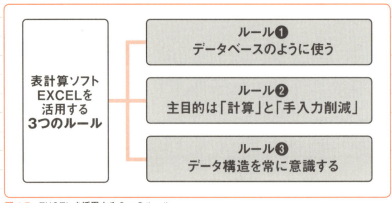

図4-7：EXCELを活用する3つのルール

EXCELでもデータベースのよい点を踏襲して利用することができるということです。

「データベースっぽく」EXCELを使うためのルールは、大きく「データ管理ルール」と「集計ルール」に分かれます（図4-8）。まず、「データ管理ルール」は以下の通りです。

- 「項目」を横に並べる（複数行になっても可）。データは未集計のまま、縦に並べる
- 列には、項目名を「必ず」付ける
- データは「行単位」で管理する＝その行にはデータしか入れない
- 数字は必ず「半角」で書く（全角が混ざると計算できない）
- 「数字」と「単位」は分けて書く（数字だけを計算できるようにする）
- 無駄な色や枠線は使わない

続いて、「集計ルール」は以下の通りです。

- 集計結果は複数軸の「表」だと理解する（縦横に項目名がある）
- 時系列は横に並べる
- 見たい数字を見たい分解単位で固めて配置する（P.98参照）

これらのルールをしっかりと守ることによって、EXCELをデータベースのように使うことができます（図4-9、図4-10）。EXCEL初心者がやりがちなのが、これらのルールを守らずに、**色や罫線などで目立たせたりデータの横にメモを書いて説明したりすることで、「データを管理しているかのような雰囲気」**を漂わせることです。

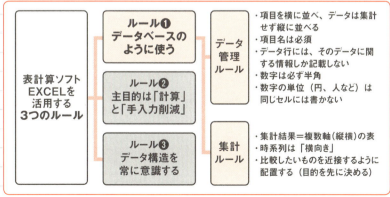

図4-8：ルール① データベースのように使う

しかし前述の通り、EXCELは「A2」や「B2」のような番地で情報を認識しているので、字の色が赤いとか枠線が太いとかいう「人間が見やすい・理解しやすいための工夫」は、EXCELで表計算をするうえでは何の意味もありません。むしろ、**表計算をする際に色や罫線は邪魔です。**

　そういう見栄えを整える仕上げるテクニックを磨くよりも前に、これらのルールを身に付けることから始めましょう（ただし表計算を行った結果を『誰かに報告する』という際は見栄えにも留意すべきです）。

　このようなルールを用いてEXCELに指示を出していけば、EXCELはあなたの期待にしっかりと応えてくれます。

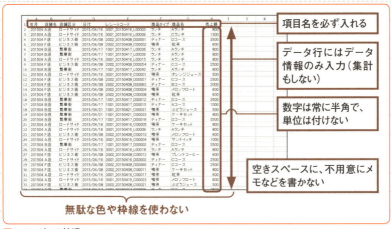

図4-9：データ管理ルール

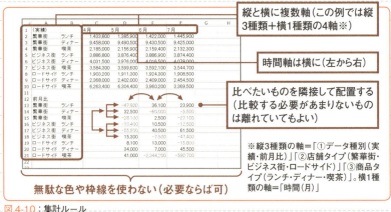

図4-10：集計ルール

第 2 部　数字を操るEXCEL実務編

EXCEL 活用のルール②
「計算」と「手入力削減」を任せよう

第4章　EXCELで数字を操る前に知っておきたいこと

　ここでは、EXCEL 活用ルールの2つ目、EXCEL を「『計算』と『手入力削減』の目的で使う」という点について解説します。

　ビジネスシーンで部下に指示するときには、その部下が得意なことをやらせるのが仕事を円滑に進めるための鉄則ですよね。

　そして、**「ミスなく計算すること」と「無駄な手入力をなくすこと」の2つは、EXCEL が最も得意とする分野です**（図 4-11）。

　ですから、とにかく EXCEL にはこの2つを最優先で任せましょう。EXCEL はミスのない計算が得意なのに、「その EXCEL に計算をさせない」というのは愚策中の愚策です。もし「EXCEL と電卓を同時利用している」などという場合は即刻やめましょう。**電卓の機能は EXCEL で 100% 代替できます**。

　一方の「手入力の削減」も、EXCEL の最大の特徴です。EXCEL は、ちょっとした操作で入力作業を肩代わりしてくれます。また、一度計算式を作っておけば、それを使い回すことができます。同じ計算式を2回、3回と書かなくてよいわけですから、これも手入力を削減しているといえるでしょう。

　このたった2つだけのことをしっかり理解すれば、EXCEL を使った表計算作業をしっかり実践することができます。

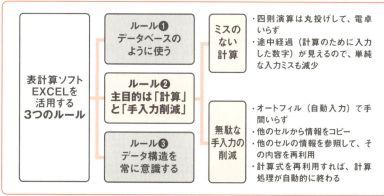

図 4-11：ルール②「計算」と「手入力削減」は EXCEL にお任せ

「ミスのない計算」は EXCEL の特技

EXCEL は「ミスのない計算が得意」というのはどういうことでしょう。

例えば、「1+2+3+4+5」を計算する場合に、暗算で答えを出そうとすると間違えることがありますよね。電卓を使ったとしても、打ち間違いが起こるかもしれません。

そんなときに役立つのが EXCEL です。**EXCEL は、いわば「途中経過が見える＋やり直しがきく電卓」**です。図 4-12 を見てください。これは、基本的な四則演算と、EXCEL による四則演算を示したものです。

EXCEL では、前述したように「番地」でセルを指定し、計算をさせます。

図 4-12 でも、四則演算（EXCEL）のほうでは、A 列から E 列に数字が入っていて、それを使って F 列で計算していることが何となくイメージできますよね。

A から E におかしな数字が入っていないかもチェックできますから、入力ミスを発見しやすくなりますし、万が一ミスがあれば、その場で入力し直せば OK です（具体的な記述の仕方は次章で解説するので、ここで理解する必要はありません）。計算には EXCEL を利用したほうが、電卓よりもミスが少なく

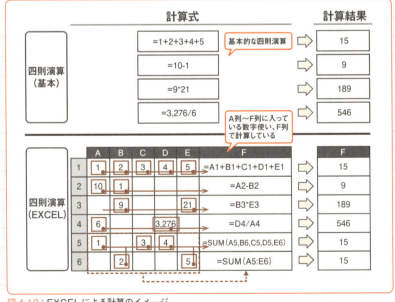

図 4-12：EXCEL による計算のイメージ

て済み、かつ格段に効率がよいということがイメージできるのではないでしょうか。

EXCELがあれば手入力の手間を大幅にカットできる

続いて、EXCELの最大の特徴である「手入力の削減」についても見ておきましょう。**EXCELには、人間がわざわざやらなくてもよい単純作業を代わりにやってくれる機能が豊富に用意されています。**

例えば、「オートフィル（自動入力）」という機能には、非常にわかりやすい手間の削減効果があります。1，2，3…と連続した数字を入れたい場合に、人間の代わりに数字を入れてくれます。同様に、「月曜日、火曜日…」とか「10月1日、10月2日…」というような数字を入れたい場合にも、EXCELが勝手に入力してくれます。

さらに、コピー＆ペーストで数字や文字列をコピーできますから、一度入れた数字や文字は、簡単に再利用できます。さらに、このコピー＆ペーストは「計算式」にも使えますから、前述したように**一度作った計算式を何度でも使うことができます。**

他にも、選択したい範囲を一瞬で選択したり、その選択範囲の情報を一瞬で削除したりもできますし、もしも間違って文字列を削除してしまったような場合にも、その誤操作を一瞬で「なかったこと」にもできますから、再入力をする手間も省けます。

これらの具体的な操作方法は次章で紹介しますが、細かな手入力の手間を大幅に削減できることは、容易に想像できるでしょう。

05 EXCEL 活用のルール③ 表を「データ構造」で理解しよう！

　EXCEL 活用の最後のルールは、「データと向き合い、その構造を理解する」ということです。このルールは、EXCEL で「数字を作る・分析する」という作業の際だけでなく、EXCEL の資料を「見る」際にも役に立ちます。「構造を理解する」ということを意識することで、その EXCEL 資料から「その企業のビジネスの構造」をも読み取ることが可能になるからです（図 4-13）。

　では、具体的に見ていきましょう。まず、EXCEL のデータは 2 種類に分けられます。「トランザクション」と「マスタ」です。**「トランザクション」とは、「最小単位の行為」のことを指します**。もともとは商売上の取引のことを意味する言葉で、お金を払って品物を受け取るという、それ以上細かくできない取引単位を指しています。このような最小単位の行為の記録をすべて集めたものが「トランザクションデータ」と呼ばれるものです。これを集計していくと、本書でずっと解説してきた、ビジネスにおける「数字」を作ることができます。

　一方**「マスタ」とは、「項目の一覧表」**です。マスタは、「特定の何か（例えば店舗や商品など）」と「それを規定する属性情報（例えば立地条件や価格など）」で構成されています。マスタを見ると、「店舗がいくつあるのか」や「店舗のタイプはいくつあり、どういうものが含まれているのか」ということがわかります。つまり、それらを見ると「何軒くらいの店を、どういう分類で展開して

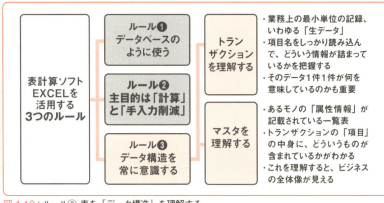

図 4-13：ルール③ 表を「データ構造」を理解する

いるのか」や「何種類の商品を販売していて、その価格帯はどのくらいなのか」というような**ビジネスの全体像を把握する**ことができるわけです。

トランザクションについて

　トランザクションについて、もう少し具体的に見てみましょう。図4-14は、3章のケーススタディで用いた「XLSフード」の売上明細です。EXCEL形式で情報を取得したと考えてください。

　まず、このデータを見ると、画面下のシート名に「201504」と書いてありますね。つまり、このシートが「2015年4月の売上明細」を示しているようだと推測できますね。隣の「201505」は2015年5月の明細でしょうし、そのお隣の「201506」は2015年6月ぶん、「201507」は2015年7月ぶんの明細でしょう。つまり、このデータには、「2015年4月から、2015年7月までのデータが含まれている」ということがわかります。

　続いて、データの中身を見ていきます。セルの1行目には、「年月」「店舗名」「店舗区分」などの項目名が入っていますね。つまり、「その列に入っているデータが何なのか」が書かれているわけです。これらがトランザクションデータです。このトランザクションデータを見ていくだけでも、図4-15のようなことがわかります。

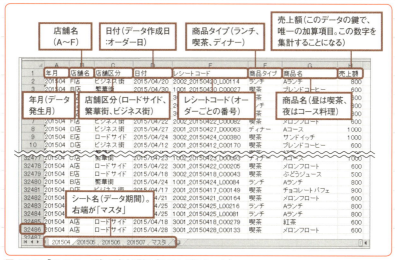

図4-14：「XLSフード」の売上明細（トランザクション）

列	項目	その項目が示す情報	読み取れること
A	年月	その売上明細が、何年何月のデータなのか	1つのシートに含まれているものは、すべて同じ年月のものなので、すべての行に同じ数字（例えば201504）が入っている
B	店舗名	その売上明細が、どの店のデータなのか	A店〜F店の6つの店舗のデータが入っていることがわかる
C	店舗区分	B列の店舗が、どの店舗区分になっているのか	「ロードサイド」「ビジネス街」「繁華街」に分類されている
D	日付	このトランザクション（売上明細）が作られた日（売上を計上した日付）	2015年4月16日、4月8日など、順番はバラバラである
E	レシートコード	売上が紐付くレシートの情報	1レコードに1つのレシートコードが割り当てられている（利用価値は低そう）
F	商品タイプ	その売上明細が、どういう商品の売上なのか	「ランチ」「ディナー」「喫茶」に分類されている
G	商品名	その売上明細が、どんな商品の販売実績なのか	1番上のデータであれば「Aランチ」（G2）、次のデータは「ブレンドコーヒー」（G3）であることがわかる
H	売上額	その明細の売上金額	G列でわかるように1レコード＝1商品なので、売上は「商品単価」になっている

図4-15：売上明細の各項目

　上表にまとめたように、データ構造を意識して見てみるだけでも、かなりのことがわかります。
　では、データの量もチェックしておきましょう。再度図4-14を見てください。今回は複数店舗の4か月ぶんの売上明細（2014年4月〜7月）を入手しており、1つのシートには1か月間の売上明細がすべて記録されているようです。ということは、**そのシートの行の数は、「その1か月間に売れた商品の数（≒お客様の数）」に相当することになります。**
　今回の場合、「32486行」までデータが入っています。1行目が「項目名」でしたので、2015年4月には、「32,486－1＝32,485個」の商品が販売されたことがわかります。
　図4-14の「店舗名」を見ると、XLSフードには「A店〜F店」の6つの店舗」があるようですから、「1店舗あたり」では毎月32,485÷6≒5,414個、「1日あたり」では5,414/30≒180個の商品が売れていることになります。1人のお客が1商品だけ買っているとして、各店舗には「毎日180人の来客があった」と試算できますね。
　このくらいまで読み解けば、トランザクションの確認は十分です。

マスタについて

図4-14の右端のシート名は「マスタ」となっていましたね。このマスタシートには、図4-16のような情報が入っています。マスタは、今回の事例であるXLSフードのビジネスを理解するのに非常に重要な情報ですので、しっかりと見ていきましょう。

図4-16を見ればわかる通り、「店舗マスタ」と「商品マスタ」がありますね。つまり、これだけで、XLSフードが「店舗で商品を売るビジネス」だということがわかります。左側の「店舗マスタ」は、「店舗名（＝店舗を特定する情報）」と、「店舗区分（＝店舗を規定する属性）」が記載されています。店舗数はA〜Fの6店舗、店舗区分は「ロードサイド」「繁華街」「ビジネス街」3つのタイプに分かれているようですね。またA店、E店はロードサイド、B店、C店は繁華街、D店、F店はビジネス街にあることがわかります。

一方、右側の「商品マスタ」には「商品名（＝商品を特定する情報）」と、「商品タイプ、単価（＝商品を規定する属性）」が記載されています。商品数は15種類で、商品タイプは「ディナー、ランチ、喫茶」の3つですね。

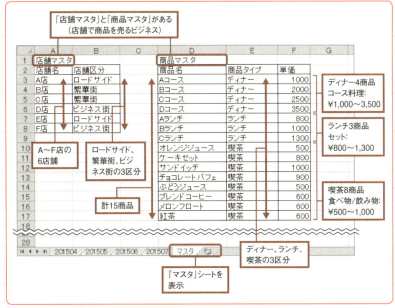

図4-16：マスタデータ

このように、マスタを見ると「XLS フードの店舗数は6つ」「店舗区分は繁華街・ビジネス街・ロードサイドの3つ」「商品はディナー、ランチ、喫茶の3つに分かれている」「商品タイプ別の単価は、ディナーは1,000～3,500円と幅広く4種類、ランチは1,000円前後で3種類、喫茶は500～600円を中心に少し高いものを加えて8種類」というようなことがわかります。**これだけでも、XLS フードがどういうビジネスを営んでいるかを、かなりはっきりとイメージすることができますね。**

このように、トランザクションとマスタのデータを細かく見て、データに関する理解を深めておけば、分析時に迷うこともなくなるはずです。

さて、ここまで「EXCELを活用する3つのルール」を紹介してきました。このルールを守れば、EXCEL で数字を扱ううえで困ることはまずありません。特に3つ目のルールに基づいてデータを理解すれば、P.131 で示した「管理職に求められる5つの作業能力」の1つ目、「正しい作業指示ができること」を行うことができるようになります（図 4-17）。

先ほどの例でも明らかなように、データの構造を意識すれば、そのデータで「わかること」を見極められます。それにより、何が分析できて何が分析できないかが明確になりますから、部下に「できないこと」を依頼することもなくなります。また、そもそも「知りたいことにたどり着くためには、他にどういう情報が必要なのか」を考えることもできるようになりますので、追加情報の収集・取得も指示できるようになるでしょう。では次章で、「作業能力」の残りの4つをカバーする EXCEL の使い方について説明することにしましょう。

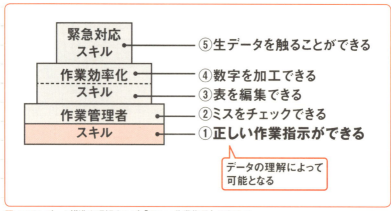

図 4-17：データ構造を理解すれば「正しい作業指示」を行える

第2部 数字を操るEXCEL実務 編

数字を自在に操る EXCEL操作術

ここでは、EXCELで数字を作る際に、
最低限知っておくべき操作を紹介します。
本書の最後では、第3章のケーススタディに登場した表を
実際に作成する手順も解説しています。
なお、EXCELを操作する際は、「計算式は全部半角」
ということを覚えておいてください。
また、本章で紹介するショートカットキーは、
すべてWindows用です（Macintoshには準拠していません）。

01 【基礎編】EXCELでミスのない計算をする方法

四則演算

「四則演算（足し算、引き算、掛け算、割り算）」が、計算の基本です。電卓代わりに EXCEL を使うために、まずはこの機能を使いこなしましょう。

●セルの中で計算する

最もシンプルな使い方は「セルの中だけで完結する計算」です。この方法を用いる場合、他のセルは関係ありません。四則演算に限らず、**EXCELで計算を行う場合は、すべて「＝（イコール）」で書き始めます**。また、計算式を書き終わったら「Enter」キーを押すことで、計算が実行されます（図5-1）。

ただし、足し算は「+」、引き算は「-」で記述すればよいのですが、掛け算は「*（アスタリスク）」、割り算は「/（スラッシュ）」を使う点に注意してください。

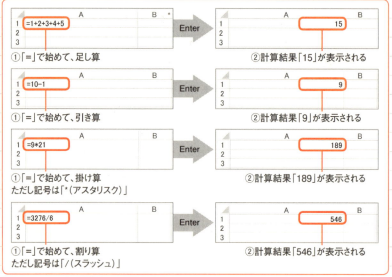

図5-1：セルの中で計算する

●他のセルを参照して計算する

　続いては、他のセルを参照して計算する方法です（図5-2）。これは、非常に汎用性の高い計算方法です。四則演算の記述方法はセル内での計算と同じですが、数字の指定方法が異なります。「A1+B1+C1+D1+E1」のように、数

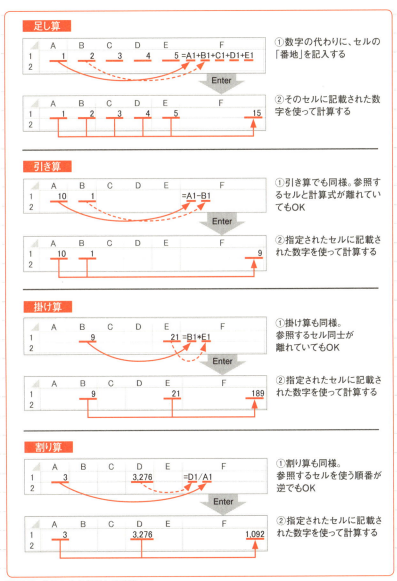

図5-2：他のセルを参照して計算する

字を「その数字を含んでいる番地」で指定します。この方法は4章でも紹介したように、「計算に使っている数字が常に見えている」いうことが大きな特徴です（一方セルの中に直接書き込む形式では、計算結果しか見えません）。また、参照するセルと、計算式を書き込むセルが離れていてもOKです。

●もっと便利な計算方法（SUM）

上記のやり方を覚えておけば四則演算はOKです。これを使うだけで、EXCELを電卓の代わりとして活用することができます。しかしEXCELには、こういう計算をもう少し便利にしてくれる機能があります。それが「関数」です。関数については後ほど詳述しますが、最も基本的かつ利用頻度が多い関数「SUM（サム）」についてのみ、簡単に紹介しておきます。

SUMは「足し算」を便利にしてくれる関数です。足し合わせたい数字が記載されたセルを個別に指定する方法と、範囲指定をする方法があります（図5-3）。個別指定の場合、「=SUM()」のカッコ内に、指定セルをコンマ（,）で区切って記入すると足し算をしてくれます。一方範囲指定の場合、「=SUM()」のカッコ内に、セルの範囲をコロン（:）で指定することで足し算できます。

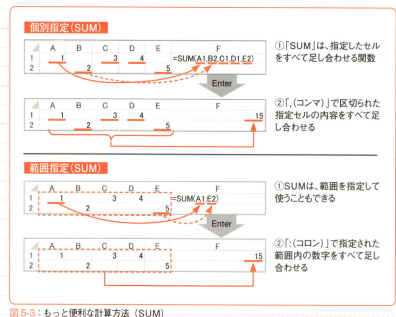

図5-3：もっと便利な計算方法（SUM）

第2部 数字を操るEXCEL実務編

【基礎編】
無駄な手入力を減らす方法

第5章 数字を自在に操るEXCEL操作術

自動入力（オートフィル）

非常に便利な割に、知名度が低いのが「自動入力（オートフィル）」の機能です。**規則性のある数字や文字列を入力する際に、大きな威力を発揮します。**

●**自動で「連番」を入力する**

最も使い勝手がよいオートフィルは、数字の入力です。「1、2、3…」というような連続した数字を入れたい場合に非常に便利です。やり方は簡単で、規則性がわかるように数字を入力してドラッグするだけです（図5-4）。ドラッグした範囲に、その規則性に従って数字が入力されます。例えば「1」「2」と入力した場合は、「1, 2, 3, 4, 5…」と自動入力されます。「10」「11」と入力した場合は「10, 11, 12, 13…」、「1」「3」と入力した場合は、「1, 3, 5, 7, 9…」と自動入力されます。この操作は、縦向きにも横向きにも活用可能です。

なお、「1」とだけ入力した場合は、すべてのセルに「1」と自動入力されます。同様に、文字列で「田中」とだけ入力した場合にも、すべてのセルに「田中」と入力されます。

●**自動で「日付」を入力する**

「日付」も、同様の操作で自動入力できます（図5-5）。「12/25」などという

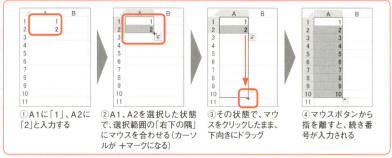

①A1に「1」、A2に「2」と入力する
②A1、A2を選択した状態で、選択範囲の「右下の隅」にマウスを合わせる（カーソルが＋マークになる）
③その状態で、マウスをクリックしたまま、下向きにドラッグ
④マウスボタンから指を離すと、続き番号が入力される

図5-4：自動で「連番」を入力する

157

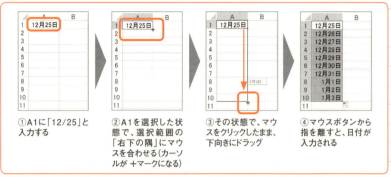

①A1に「12/25」と入力する

②A1を選択した状態で、選択範囲の「右下の隅」にマウスを合わせる（カーソルが＋マークになる）

③その状態で、マウスをクリックしたまま、下向きにドラッグ

④マウスボタンから指を離すと、日付が入力される

図 5-5：自動で「日付」を入力する

形で日付を入力すると、自動的に「12月25日」と表示されます。このとき、見た目にはわかりませんが、EXCELは「その入力を行った年の当該日付」だと理解しています。つまり、2015年に入力すれば、「2015年12月25日」というふうに理解しているわけです。

この状態で、先ほどと同様に下向きにドラッグすると、日付が自動入力されますが、2015年12月31日の次は、2016年1月1日（表示上は「1月1日」）となります。図では縦向きの例ですが、横向きでも同様のことができます。

● 自動で「曜日」を入力する（ちょっと便利に）

「曜日」も同様の操作で自動入力できます。ただ、ここではもう少し便利な方法も紹介します。それが「ダブルクリックで自動入力」です。

この方法は、隣に「どこまで自動入力するのかがわかる」ための数字なり文字列なりが入っていることが条件です。今回は、上記で入力した日付を使いましょう。2015年12月25日は金曜日ですので、その隣B1セルに「金曜日」と入力し、そのB1セルの右下の隅をダブルクリックすれば、1月3日までの曜日が自動的に入力されます（図 5-6）。

セルの情報の再利用

すでに入力されているものを再利用すれば、入力の手間を削減できます。

● 他のセルを参照する

基礎中の基礎が「他のセルを参照して、その中身を引っ張ってくる」という

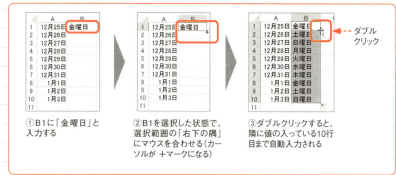

図5-6：自動で「曜日」を入力する（ちょっと便利に）

方法です。記述方法は、簡単で「＝（イコール）」の後に、参照したいセルを指定するだけです。セルの指定方法は、3つあります。「セルの番地を手入力する」「そのセルをマウスでクリックする」「方向キーでそのセルまで移動する」の3つです（図5-7）。

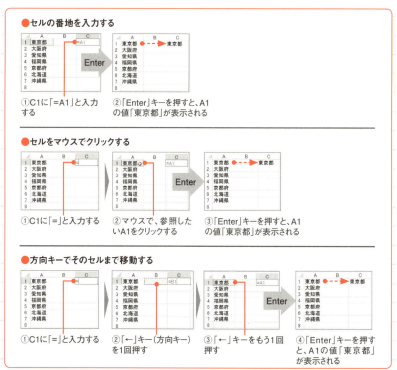

図5-7：他のセルを参照する

なおこのやり方は、あくまでも「参照先の中身を引っ張ってきて表示している」だけなので、参照先の内容が変わると、参照しているセルの表示内容も変わります。

● **数字（文字列）をコピーする**

　セルの情報の再利用は、お馴染みの「コピー&ペースト」でも行えます。ご存知の通り、ショートカットは「Ctrl+C」キー（コピー）→「Ctrl+V」キー（貼り付け）です。先ほどの「セルの参照」の場合は、元のセルを書き換えると参照しているセルの表示内容が変わりましたが、コピーの場合は元のセルを書き換えても、コピー後のセルは変化しません（図 5-8）。

● **計算式をコピーする**

　「計算」の入っているセルをコピーして、別のセルにペーストした場合は、計算結果ではなく計算式をコピーできます。

　例えば、A1 に「10」、B1 に「1」、そして C1 に、「=A1-B1」と入力されている場合に、C1 を C2 にコピーすると（C1 で Ctrl+C → C2 に Ctrl+V）、計算結果の「9」ではなく、この計算式「=A1-B1」をコピーすることになります。

　しかし注意すべきは、**C1 から C2 にコピーした際には、C2 に入る計算式は「=A2-B2」になっているという点です**。「なんで？」と思うかもしれませんが、実はこれは非常に合理的な考え方です。

　計算式をコピーするときには、多くの場合「計算結果」ではなく、その「計算する手順」をコピーしたいはずです。「売上 10 万円からコスト 1 万円を引いて利益 9 万円」ということを計算したときに、その下の行に「売上 20 万円、コスト 5 万円」ということが入っていると考えてください。あなたがコピーしたいのは「利益 9 万円」ということではなく、**「売上からコストを引く」という計算式のはずですね**。

　それを実現するために、EXCEL が計算式をコピーした際には「計算式のあるセルと、そこから参照しているセルとの相対的な位置関係」を使って、計算式を作り直すのです。これは、**「相対的な位置関係を参照する」という意味で「相対参照」と呼ばれます**（図 5-9）。今回の場合、C1 に入力されている「=A1-B1」は、C1 から見て「2 つ左のセルから、1 つ左のセルを引く」という指示ですので、この情報を C2 にコピーすると「=A2-B2」になるわけです。（図では縦移動を示していますが、横移動しても同じです。つまり C1「=A1-B1」を D3

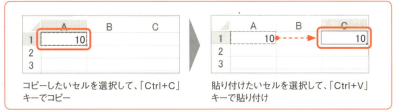

図 5-8：文字列（数字）をコピーする

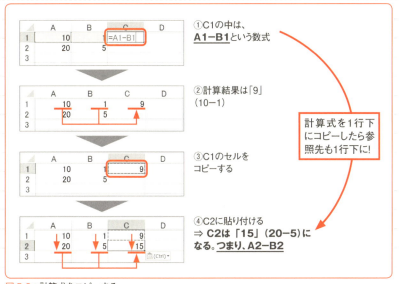

図 5-9：計算式をコピーする

にコピーした場合には、D3の中身は「D3の2つ左－D3の1つ左」ということで「=B3-C3」となります）。

●計算結果をコピーする

もちろん「計算式」ではなく、「計算した結果」をコピーしたいこともあるでしょう。そんなときには「値貼り付け」を利用します。

先ほどと同様に、C1を選択して「Ctrl+C」キーでコピーします。ここで、貼り付けたいセル（今回はC2）を右クリックしてください。そして「貼り付けのオプション」というエリアから、数字の「123」と書いてあるクリップボードをクリックします。すると「値」、すなわち計算結果を貼り付けることができます（図5-10）。

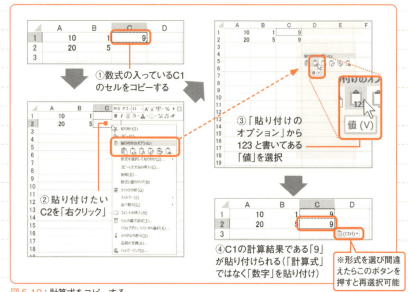

図 5-10：計算式をコピーする

ちなみに、押し間違えたときには、貼り付けたセル（今回は C2）の右下に表示されている「(Ctrl)」と書いてあるボタンをクリックすると、貼り付ける際の形式指定をやり直せます。

● 絶対参照でコピーする

値貼り付けは非常に有用ですし、計算式のコピー（相対参照）と組み合わせれば、大抵の場合は乗り切れます。しかし、**もう少しだけ便利に使うために覚えておくとよいのが「絶対参照でのコピー」**です。

具体的には「元の計算式を残したまま、結果をコピーしたい」という場合（例えば、参照先のセルの内容が変わった際に、その変更をコピー先にも反映したい場合など）に有用です。

方法は簡単で、「F4」キーを押すだけです。すると「=$A$1」のように、セル内の文字に「$」が追加されます。「=$A$1」は、「A1 を絶対参照している」という意味で、別のセルに移動しても、その番地を見続けるということを意味します（ちなみに何も付かない状態は「相対参照」です）。これを使うと、どこにコピーしても、参照するセルが変わりません。なお、これまでは「コピーするときの操作」でしたが、この「絶対参照」「相対参照」の切り替えは、「コピーする前に行う操作」ですので注意してください（図 5-11、図 5-12）。

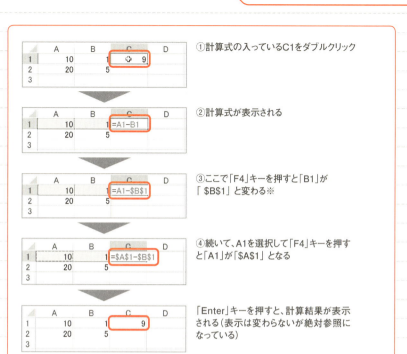

図 5-11：絶対参照でコピーする（準備）

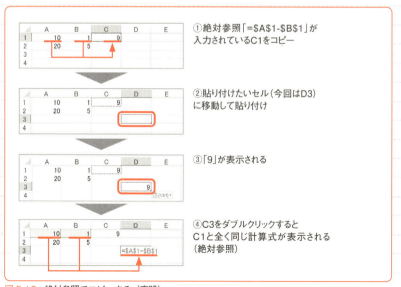

図 5-12：絶対参照でコピーする（実践）

●数式に絶対参照（行だけ・列だけ）を使う

　絶対参照の表記「$A$1」は、Aと1のそれぞれに「$」が付いているわけですが、「$A1」や「A$1」のように、「Aだけ」や「1だけ」を指定することもできます。この指定は、「F4」キーを押すたびに変わっていきます（図5-13）。

　前述した通り、「$A$1」は「A1だけを参照し続ける」ということでした。一方「$A1」は、C列でもE列でもF列と、どの列に移動しても「列はAを参照する（Aで固定）」ということです。

　ただし、縦に動くとその限りではありません。つまり、E1に「=$A1」と

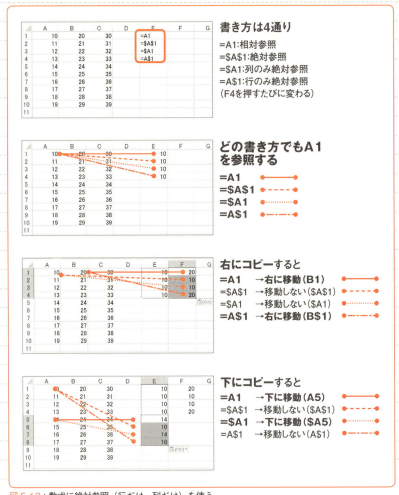

図5-13：数式に絶対参照（行だけ・列だけ）を使う

書いてある場合、列は A に固定していますから、F1 に貼り付けても G1 に貼り付けても「=$A1」なのですが、E5（4 行下）に貼り付けると、列は絶対、行は相対ですから「=$A5」となってしまうわけです。

一方、行を固定した「=A$1」はどうでしょうか。この場合、行は絶対で列が相対ですから、横に動かしたときに参照する場所がズレていくことになります（つまり「=B$1」「=C$1」と移動していきます）。

移動や選択の手間を省く

EXCEL 作業の生産性を上げていくためには、手作業を最小限に抑えることも重要です。特に「移動」や「範囲選択」をマウスで行っていると作業ミスも起こりやすくなりますので、キーボードを使うことが望ましいです。オートフィル（自動入力）やコピー作業を行う際に便利なので覚えておきましょう。

● 移動しながら選択する（Shift+ 矢印）

キーボードの矢印キー（方向キー）を押せば、選択しているセルを移動できますよね。このとき、「Shift」キーを押しながら矢印キーを押すと、その範囲を選択することができます（図 5-14）。このテクニックは、連続したセルを選択する場合にとても有用です。

● 一気に移動する（Ctrl+ 矢印）

「Ctrl」キーを押しながら矢印キー（方向キー）を押すと、一気に大きく移動することができます（図 5-15）。移動のルールは「入力・非入力の境界まで移動する」というものです。言葉にするとわかりづらいので図を見てほしいのですが、「空白の手前のセル」および「空白の次に初めて入力されているセル」

B2セルを選択した状態　　「Shift+右矢印」でB2とC2を選択できる　　その状態で「Shift+下矢印」を押すと、B3、C3も選択できる

図 5-14：移動しながら選択する（Shift+ 矢印）

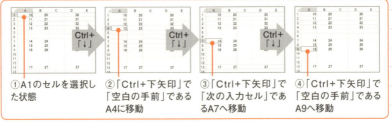

図 5-15：一気に移動する（Ctrl+ 矢印）

に移動できます。「空白セルをスキップする」という言い方のほうがわかりやすいかもしれません。

このテクニックを使うと、「この先のセルには、何も入力されていないよね？」ということも確認できます（余談ですが、「EXCELって何行あるんだろう？」とか「何列まであるんだろう」という疑問も解消できますよ）。

● 一気に選択する（Shift + Ctrl+ 矢印）

勘のいい人は気付くかもしれませんが、「Shift+ 矢印（選択しながら移動）」と「Ctrl+ 矢印（一気に移動）」は、組み合わせることができます。つまり、「Shift」キーと「Ctrl」キーを押しながら矢印キー（方向キー）を押すと、「入力されている部分をまとめて選択できる」のです（図5-16）。**これは、後ほどご紹介する**

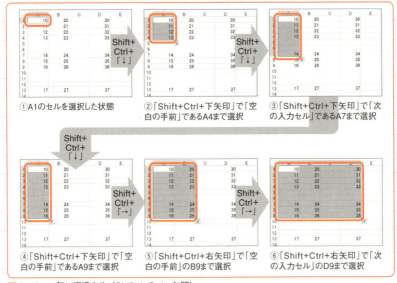

図 5-16：一気に選択する（Shift + Ctrl+ 矢印）

関数を使って計算する際に非常に役立ちますので、絶対に覚えておいてください。

●表をまとめて選択する（Ctrl+A）

EXCELは「表計算ソフト」ですから、EXCELは「表」という単位で情報を捉えています。そのため、「選択されているセルが含まれる表」をまとめて選択することができます。そのためのショートカットが「Ctrl+A」キーです（図5-17）。

●選択範囲を一瞬で消す（Delete）

「選択」だけでなく、「削除」も覚えておきましょう。複数のセルを選んだ状態で「Delete」キーを押すと、選択範囲内のすべてのセルの情報（値や計算式）をまとめて削除することができます（図5-18）。削除には「BackSpace」キーしか使っていないという人は、「Delete」キーの使い方も覚えておきましょう。

●クリックなしでセルの中身を編集する（F2）

P.163の「絶対参照」の項では、計算式の編集のためにセルを「ダブルクリック」しましたが、この作業もショートカットで軽減できます。

計算式を表示させたいセルを選択して「F2」キーを押せば、計算式を確認できます（図5-19）。

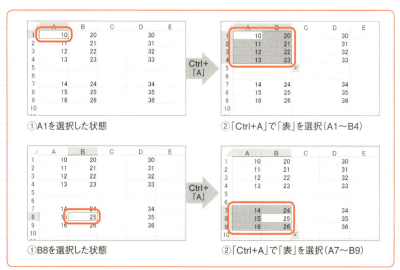

図5-17：表をまとめて選択する（Ctrl + A）

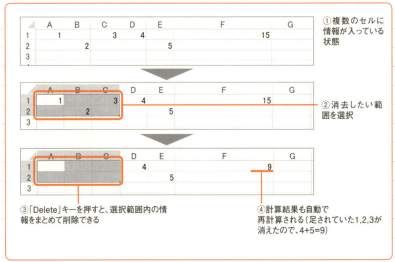

図 5-18：選択範囲を一瞬で消す（Delete）

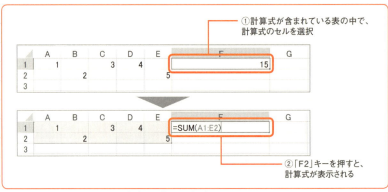

図 5-19：クリックなしでセルの中身を編集する（F2）

第2部 数字を操るEXCEL実務編

【基礎編】
最低限の見栄えを整える方法

第5章 数字を自在に操るEXCEL操作術

列や行の幅をそろえる

ここまではEXCELによる四則演算や手入力の削減テクニックを解説してきましたが、ここからは「最低限の見栄え」を整える方法を解説します（ちなみに、「文字色変更」や「罫線」は「あったら便利」ですが、「なくても大きな問題とはならない」ので本書では説明しません）。

●ダブルクリックで幅をそろえる

セルの中に多くの情報が記載された状態では、列の幅の制約により「画面上に表示されない」ということがあります。数字の場合は「10の何乗」ということを意味する「E+●●」という表示になります。例えば「1.23+E09」というのは、「1.23×10の9乗」という意味です。また文字列の場合は、越えたぶんは表示されません（右側のセルが空欄であれば、はみ出て表示されます）。「商品名」や「部門名」などが表示されていないと困りますから、しっかりと対処したいところです。この状態を解決する一番手っ取り早い方法は、「幅が足りない列の右端をダブルクリックする」という方法です（図5-20）。

●手動（ドラッグ）で幅を微調整する

手動（ドラッグ）で好きな幅に調整することも可能です（図5-21）。ダブル

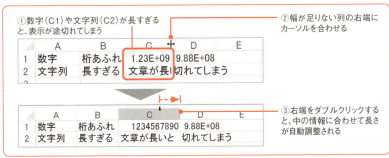

図5-20：ダブルクリックで幅をそろえる

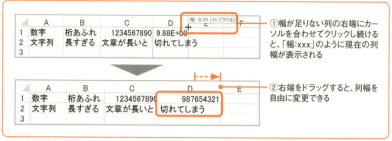

図 5-21：手動（ドラッグ）で幅を微調整する

クリックよりもこちらのほうが自由に幅を変更できて便利ですので、一応覚えておいてください。

リボンのボタンを活用する

続いては、リボンのボタンを使って見栄えを整える方法です。ここでは、特に「数字」の見栄えを整える方法を解説します。

● 数字をコンマ区切りにする

数字の見栄えの問題で最も多いのが、「桁数がよくわからない」というものです。一般的に「1000000」は、「1,000,000」と3桁ごとにコンマを入れて表示しておくべきです。それにより、見ている人が「百万」であると理解しやすくなります。リボンの「ホーム」タブの真ん中あたり、「数値」の「,」を押すだけでコンマを追加してくれます（図 5-22）。

● 数字をパーセント表示にする

続いては、計算結果などを表示する際の「パーセント表示」です。EXCELではデフォルトでは小数で表示します。しかし、直感的に比較したい場合には、パーセント表示にすることも多いでしょう。「ホーム」タブの「%」を押すことで、0.1 は 10％、0.04 は 4％ と表示されます（図 5-23）。

● 小数点以下の桁数をそろえる

「パーセント表示にはしなくてもよいが、小数点以下の桁数をそろえたい」という場合は、リボンの「小数点以下の表示桁数を増やす／減らす」の出番です。簡単に桁数をそろえることができます（図 5-24）。

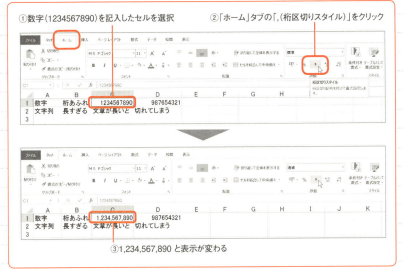

図 5-22：コンマ区切りで桁を見やすくする

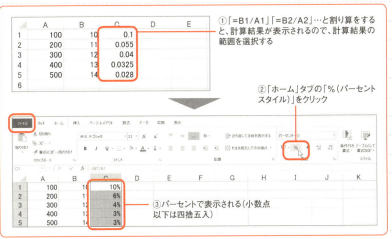

図 5-23：数字をパーセント表示にする

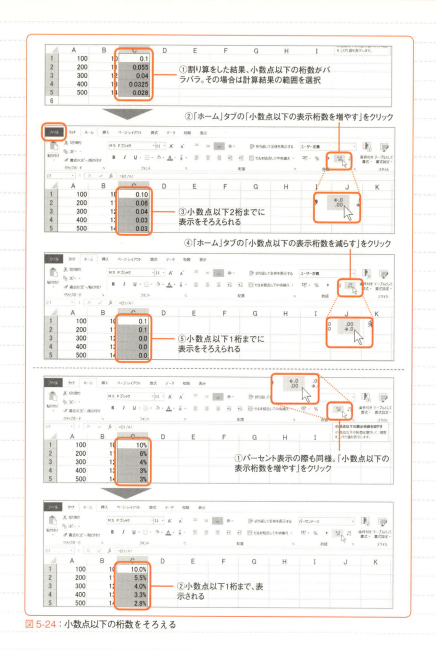

図 5-24：小数点以下の桁数をそろえる

● ウィンドウ枠を固定する

　ここまでで、見栄えに関するテクニックの「最低限」はクリアしています。最後に、「知っておくと便利」なものを1つご紹介しておきます。それが、表

示する際に「見出し（項目名など）」を固定するテクニックです。表示タブの「ウィンドウ枠の固定」を選択することで、下や右にスクロールした際に、見出し部分を表示したままにすることができます（図5-25）。

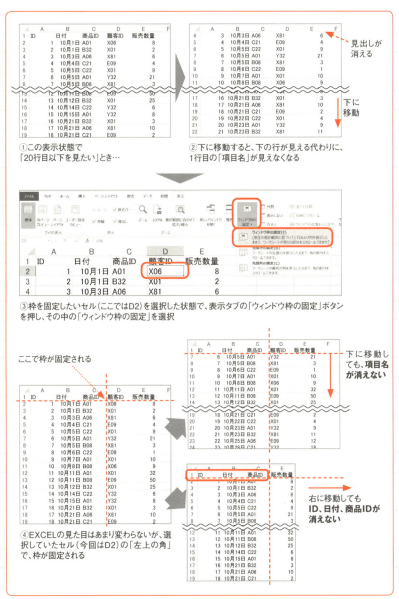

図5-25：ウィンドウ枠を固定する

04 【基礎編】関数を使ってみよう！

　ここからは、より便利な計算処理を実現する「関数」を紹介します。便利な関数は多数存在しますが、それらすべてを覚える必要はもちろんありません。何度もいう通り、EXCELは「ただのツール」であり、重要なのはEXCELや関数を使いこなすことではなく、「数字を実務に有効に活かすこと」だからです（もちろん、様々な関数を使いこなせるに越したことはありませんが）。

　そこでここでは、日々の業務に役立ち、かつ必要最低限のもののみを取り上げることにします。具体的には「6＋1の7種類」です。基本的に、ここで覚えることは「足すこと」と「数えること」です。

　おまけとして「平均を出す」というのも加えていますが、実際には足したものを数で割ったものが平均であり、四則演算で解決できますので、本当の最低限は「足す」と「数える」だけです。

　ただし、**「足す」と「数える」については、3つのバリエーションを覚えてください。「全部足す／数える」「ある条件で絞り込んで足す／数える」「複数の条件で絞り込んで足す／数える」の3つです。**「何だかややこしそう」と思うかもしれませんが、覚えるのは中学1年生レベルの英単語です（図 5-26）。

①全部足す：SUM ← SUMは「合計する」という意味の英単語
②ある条件で絞り込んで足す：SUMIF ←「IF」（もしも）で条件を指定する

	足す	数える	平均する
全部	SUM	COUNT	
ある条件で絞り込んで	SUMIF	COUNTIF	AVERAGE
複数の条件で絞り込んで	SUMIFS	COUNTIFS	

図 5-26：覚えるべき関数

③複数の条件で絞り込んで足す：SUMIFS ←IF"S"で複数条件を指定する
④全部数える：COUNT ←「COUNT」は「数える」という意味の英単語
⑤ある条件で絞り込んで数える：COUNTIF ←「IF」（もしも）で条件を指定する
⑥複数の条件で絞り込んで数える：COUNTIFS ←IF"S"で複数条件を指定する
⑦平均を取る：AVERAGE ←「AVERAGE」は「平均」という意味の英単語

　順番に使い方を解説していきますが、その前に、関数の「お約束」を覚えておいてください。それは、どんな関数であっても、**記述方法は必ず「＝関数（XXXXXX）」となることです**。また括弧（ ）の中に2つ以上の情報を入れるときは、「,（コンマ）」で区切るのが基本です。反対にいうと、「,」があるということは、括弧（ ）の中に2つ以上の情報が含まれている、ということになります。

すべてを足し合わせる（SUM）

●指定したセルをすべて足す（SUM＋コンマ）

　最初に覚えてほしいのは、足し合わせたいセルを順番に指定して足し合わせていくという処理です。

　関数のお約束に従って、「＝SUM（　」と書いたうえで、足し合わせたいセルを1つ選んでから「,」を入力します。続いて、次に足したいセルを選びます。この手順を必要な回数繰り返したら、最後は「,」ではなく「）」を入力して括弧を閉じてください。これで完成です（図5-27、図5-28）。

　例えば、A1とA2を足したいなら「＝SUM（A1,A2）」となりますし、B1とB2とB3を足したいなら「＝SUM（B1,B2,B3）」となります。もちろん、足したいセルが離れていても大丈夫です（四則演算のときと同じです）。

●指定した範囲をすべて足す（SUM＋コロン）

　続いては、範囲で指定して足し合わせる方法を紹介します。先ほどは1つずつ、計5つのセルを指定しましたが、それをまとめて指定する方法になります。EXCELは、足し合わせたいセルの範囲を「:（コロン）」を挟んで記述することで、範囲を指定できます（図5-29）。範囲の選択はマウスドラッグでも、矢

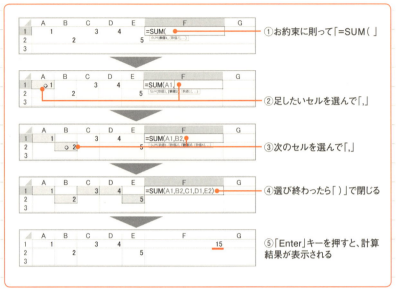

図 5-27：すべてを足し合わせる（SUM）

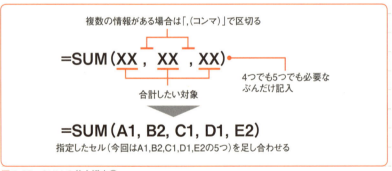

図 5-28：SUM の基本構文①

印キーでも構いません。また、P.165 で紹介したように「Shift」キーを押して移動することで、「：」を入力する手間も省けます（図 5-30、図 5-31）。たくさんのデータがある場合には、「一気に選択する（P.166）」で紹介した、「Shift+Ctrl+ 方向」キーを併用することで、とても効率的に作業できます。

　ちなみに、ここまで「）」で閉じるという「お約束」をお話してきましたが、**実は最後の「）」は省略可能です**。ただ、ルールはルールなので「基本的には入力するもの」と覚えておきましょう。今後 EXCEL スキルを継続的に磨いていきたいと思うのであれば、基本ルールを覚えておいたほうが絶対によいからです。

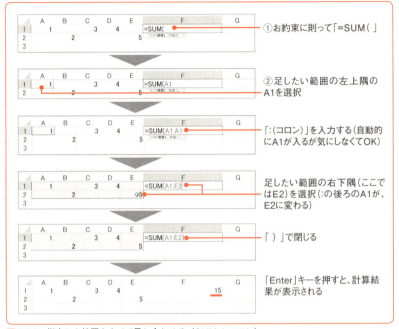

図 5-29：指定した範囲をすべて足し合わせる（SUM ＋コロン）

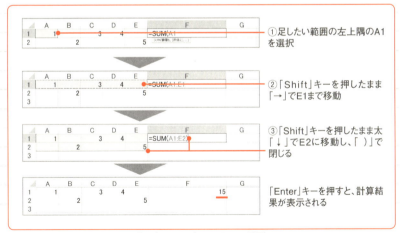

図 5-30：指定した範囲をすべて足し合わせる（Shift キーの活用）

図 5-31：SUM の基本構文②

条件で絞り込んで足し合わせる（SUMIF）

SUMを理解できたら、次は「SUMIF」です。「IF（もしも）」という言葉が示す通り、「ある条件に合致するならば足す」という意味です。これを使いこなすことができれば、条件に合うものを自分で選ぶ必要はなく、EXCELが自動的に対象を選び出して足し合わせてくれます。

●足し合わせるセルそのものの値で絞り込んで足す

まずは「10より大きい数字だけ足す」のような、条件を指定して足し合わせる方法を紹介します。ビジネスの実務でそれほど使うことはありませんが、基本機能なので覚えておきましょう。「=SUMIF（ 」を入力したら、合算したい範囲を選択して「,」を入れることで条件指定に移ります。そして、絞り込み条件を「" "（ダブルクオーテーション）」で括って指定しましょう。「10より大きい」なら「">10"」と記入します。後は括弧を閉じて「Enter」キーを押せば、「10より大きい数字」だけを足し合わせてくれます（図5-32、図5-33）。

●他のセルを参照しながら絞り込んで足す

続いては、ビジネスの現場で非常によく使うSUMIFの用法です。「他の列」で条件を指定して「行」を絞り込んで、その絞り込まれた行の「足したい列」の数字だけを足し合わせるというものです（図5-34）。「EXCELをデータベースのように使う」（P.142参照）でも解説した通り、**EXCELは「行」を「ひとつながりの情報」として認識しています**。そのため、例えば図5-34の例であれば、列C（商品IDを記した列）から商品ID「A01」を絞り込み、かつその行に入っている列E（販売数量を記した列）を足す（＝商品ID「A01」の「販売数量」

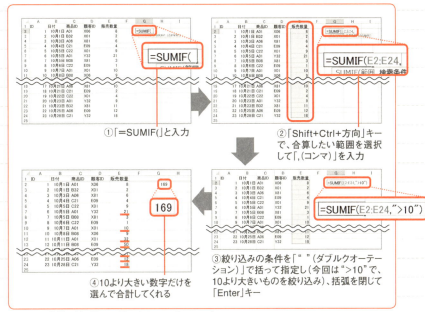

図 5-32：条件で絞り込んで足し合わせる（SUMIF）

図 5-33：SUMIF の基本構文①

を合計する）、という指示が可能になるのです（図 5-34、図 5-35）。

● 条件指定を「外出し」にする

　先ほどの「他のセルを参照しながら絞り込んで足す」を覚えればほとんど完璧なのですが、より一層便利に使うためのテクニックを紹介しておきましょう。それが「条件を外出しにする」です。ダブルクオーテーションで囲んで指定した条件（先ほどの例なら商品ID「A01」）を、セルを指定することで代替する

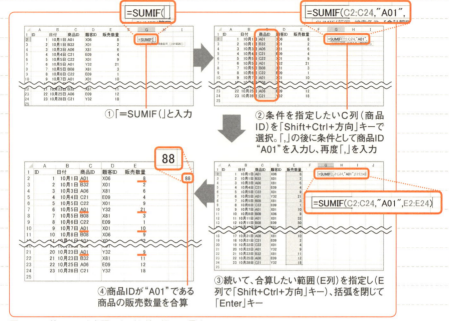

図 5-34：他のセルを参照しながら絞り込んで足す

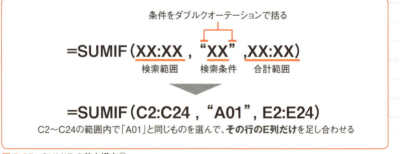

図 5-35：SUMIF の基本構文②

のです（図 5-36、図 5-37）。

　こうして「条件」を外出しすると、気付くことがあるはずです。先ほど商品IDを指定する際に、「"A01"」とダブルクオーテーション付きで指示したときは、EXCELは「A01という文字列」と認識していました。一方、今回「G1」とダブルクオーテーションなしで指示したときは「G1という番地のセル」と認識してくれています。

　つまり、**ダブルクオーテーションがあるときとないときで、EXCEL の認識が変**

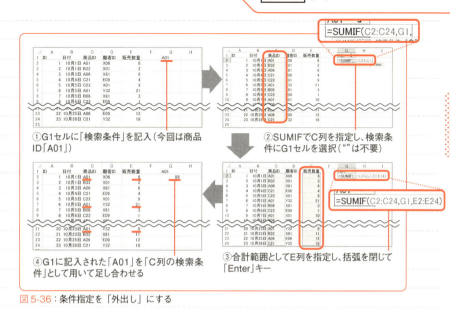

図 5-36：条件指定を「外出し」にする

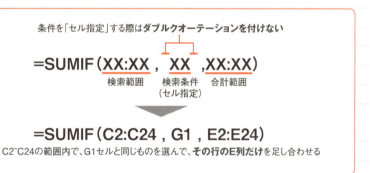

図 5-37：SUMIF の基本構文③

わってしまうわけです。これが、条件を指定する際に「""（ダブルクオーテーション）」を使う理由です。

複数の条件で絞り込んで足し合わせる（SUMIFS）

続いては、「複数の条件」を使って絞り込みを行ってみましょう。先ほどは「特定の商品 ID」を絞り込みましたが、今度は「特定の商品 ID で、かつ特定の顧客 ID を持つもの」を絞り込みます。こうして検索条件が 2 つになるので、「IFS」と複数形の「S」が IF に付いているわけですね。

●複数の条件で絞り込んで足す

まずは基本形です。条件を""で括って指定します。なお、「SUMIF」のときとは記述する順番が大きく違うことに注意してください。

「=SUMIFS(」と入力したら、最初に「合計範囲」を指定します(今回の場合は、販売数量のE列ですね)。そのうえで「検索に使う範囲」と「その検索範囲に対する検索条件」という組み合わせを、必要な数だけ入力して指定します(図5-38、図5-39)。図5-38の例では、C列(商品ID)がB32、D列(顧客ID)がX01という条件を指定しますので、検索条件の指定部分は「C2:C24, "B32",D2:D24,"X01"」という記述になります。

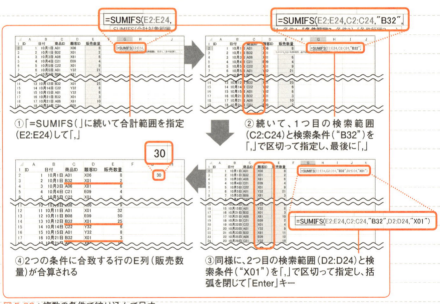

図5-38:複数の条件で絞り込んで足す

図5-39:SUMIFSの基本構文①

●複数の条件指定を「外出し」にする

続いては、SUMIFのときと同様に、検索条件を外出しにしてみましょう。先ほど" "で括って指定した「商品ID B32」と「顧客ID X01」を、他のセルで指定します。せっかくなので、見出しを付けておきましょう。

「G1」に「商品ID」、「H1」に「顧客ID」と見出しを入力し、「G2」に商品IDの検索条件である「B32」、「H2」に顧客IDの検索条件である「X01」と入力します。これで準備は完了です。計算式内で、" "を付けないで検索条件のセルを指定することで、外出しで条件指定が完了します（図5-40、図5-41）。

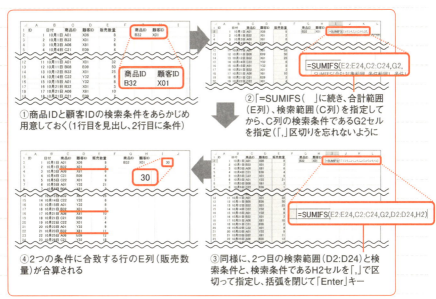

図5-40：複数の条件指定を「外出し」にする

図5-41：SUMIFSの基本構文

すべてを数える（COUNT）

続いては「COUNT」を紹介します。記述方法は「SUM」と同じですが、数字を「足す」のではなく「件数を数える」ための関数です。

●「数字」が入力されているセルを数える（COUNT）

同じ内容ですので、SUMと同じ手順で「SUM」の代わりに「COUNT」と書くか、すでにSUMで計算している結果があれば、その「SUM」部分を「COUNT」と書き直せば、計算できます（図5-42、図5-43）。

●「何か」が入力されているセルを数える（COUNTA）

どちらかというおまけ的な位置づけなのですが、COUNTのついでにもう1つ頭の片隅に残しておいてほしい関数があります。それは「COUNTA」とい

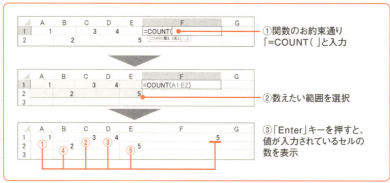

図5-42：すべてを数える（COUNT）

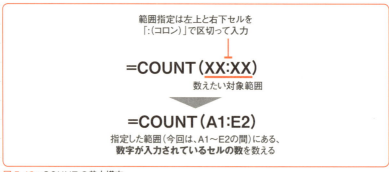

図5-43：COUNTの基本構文

う関数です。これは、COUNTとほぼ同じなのですが、COUNTが「数字を入力されたセル」を数えるのに対して、COUNTAは文字列でも数字でもお構いなしに数えます。いい換えると「空白でないセル」の数を教えてくれるのです。

必要最低限というときに、これを含むべきかどうかは悩ましいところなのですが、全く知らないとさすがに片手落ちな感じがしてしまう関数なので、COUNTのバリエーションとして記憶に留めておいてください（図5-44、図5-45）。

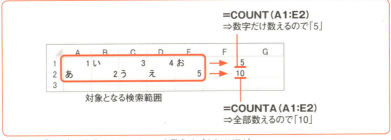

図5-44：「何か」が入力されているセルを数える（COUNTA）

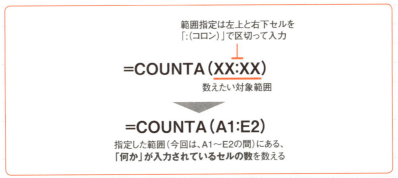

図5-45：COUNTAの基本構文

条件で絞り込んで数える（COUNTIF）

COUNTIFもSUMIFと同じ記述方法で、条件に合致するものを数えます。ただし、SUMと異なるのは、「条件に合致するものは、別の列を数えなくても、その列を数えればよい」ということです。したがって、SUMIFの際に紹介した例のうち、「自分自身の値で絞り込む」（P.178参照）というテクニックを使うことになります。

なおCOUNTIFの場合は、数字と文字列の区別はありません（つまり、「COUNTAIF」という関数はありません）。これは、COUNTIFの条件指定をした際に、「数字の話をしているのか、文字列の話をしているのかが明らかであるため」です。

● **自分自身の値で絞り込んで数える（不等式）**

数字の大小を絞り込みの条件にすることで、その検索結果は「数字のセルだけ」になります。ここでは、SUMIFのときと同じように「販売数量が10より大きいもの」を数えてみましょう（図5-46、図5-47）。

● **自分自身の値で絞り込んで数える（文字列）**

一方「文字列」の場合は、上記のように不等式で比較することがありませんので、「同じもの」を探して数えるということになります。

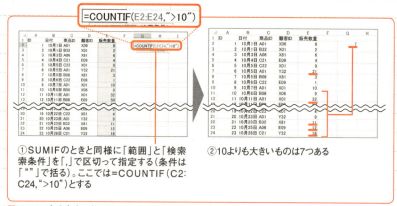

①SUMIFのときと同様に「範囲」と「検索条件」を「,」で区切って指定する（条件は「""」で括る）。ここでは=COUNTIF(C2:C24,">10")とする

②10よりも大きいものは7つある

図5-46：自分自身の値で絞り込んで数える（不等式）

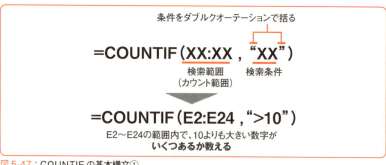

図5-47：COUNTIFの基本構文①

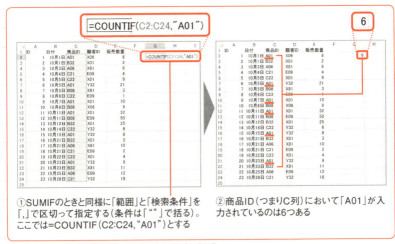

図 5-48：自分自身の値で絞り込んで数える（文字列）

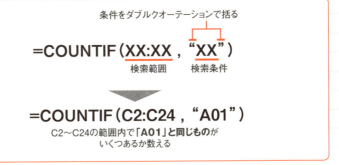

図 5-49：COUNTIF の基本構文②

　SUMIFのときと同じく、商品IDがA01のものを絞り込んで数えてみましょう。なお、先ほども述べた通り、SUMIFの「合計範囲」にあたるものは存在しませんので、数字の場合と同じ記述方法になります（図5-48、図5-49）。

● 自分自身の値で絞り込んで数える（文字列／条件外出し）

　条件の外出しも、SUMIFと同様に可能です。「""（ダブルクオーテーション）」を付けずに、セルを指定しましょう（図5-50、図5-51）。

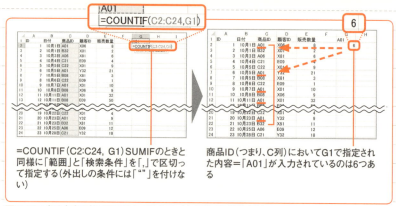

図5-50:自分自身の値で絞り込んで数える(文字列/条件外出し)

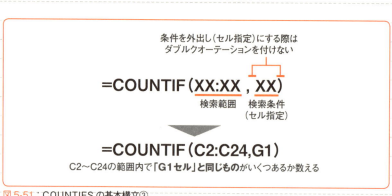

図5-51:COUNTIFSの基本構文③

複数の条件で絞り込んで数える(COUNTIFS)

　複数の条件で絞り込んで、その件数を数えたいときに使うのが「COUNTIFS」です。SUMIFSと同様に、「商品ID」と「顧客ID」の2つの条件で絞り込みを行って、その件数を数えてみましょう。ただし、SUMIFとCOUNTIFに違いがあったように、SUMIFSとCOUNTIFSにも違いがあります。それは、「合計範囲」に相当するものがないという点です。よって、記述方法が少し異なるのでご注意ください。

● 複数の条件で絞り込んで、その数を数える

　SUMIFSの合計範囲がないだけで、検索条件の指定方法は同じです。「検索範囲と検索条件」を必要な数だけ入力します。検索条件は、ダブルクォーテーションで括るのを忘れないようにしましょう(図5-52、図5-53)。

第2部 数字を操るEXCEL実務編

第5章 数字を自在に操るEXCEL操作術

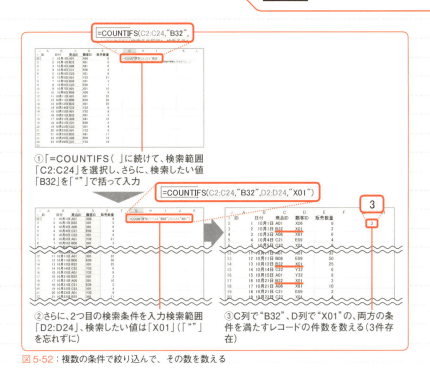

図5-52：複数の条件で絞り込んで、その数を数える

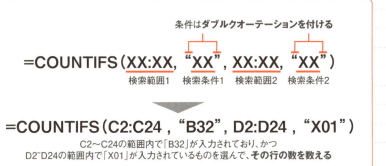

図5-53：COUNTIFSの基本構文①

● 複数の条件を外出しにして絞り込んで、その数を数える

　SUMIFSのときと同様に、検索条件を外出しにしてみましょう。今回もG2セルとH2セルに、それぞれ商品IDと顧客IDの「検索条件」をあらかじめ入力しておいて、そのセルを参照しましょう（図5-54、図5-55）。セル参照で条件を指定するときは、ダブルクオーテーションは付けてはいけません。

189

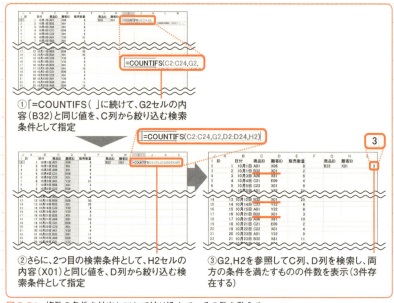

図 5-54：複数の条件を外出しにして絞り込んで、その数を数える

図 5-55：COUNTIFS の基本構文②

平均を求める（AVERAGE）

ここで紹介する「AVERAGE」は絶対必要というわけではありませんが、覚えておいて損はない関数なので、7つ目の関数として紹介しておきます。

● 平均を計算する

AVERAGE 関数は、選択した範囲内の数字が入力されているセルの平均を

求めます。記述方法は、SUM や COUNT と同様です（図 5-56、図 5-57）。

　平均を求めるという計算は「SUM の結果÷COUNT の結果」でも同じ結果を得ることができます。つまり、AVERAGE 関数を使わなくても、あるセル（例えば G2）で SUM を行い、別のセル（例えば G3）で COUNT を行って、また別のセル（例えば G4）で「SUM の結果セル÷COUNT の結果セル」を指定すればよいのです。

　また、上記の SUM と COUNT を用いた計算を、1 つのセルだけで完結して行いたければ「＝(SUM (E2:E24)/COUNT(E2:E24))」と記述することで、「＝AVERAGE（E2:E24）」と同じ結果が得られます。

　ただ、AVERAGE を使ったほうが、よりシンプルに計算を行うことができます。とはいえ、本当に必要最低限と割り切るならば、「SUM」「SUMIF」「SUMIFS」「COUNT」「COUNTIF」「COUNTIFS」の 6 つを使いこなし、それを四則演算と組み合わせていくだけで、多くの場合は乗り切れてしまうでしょう。では、これまでに説明してきた「超初歩的なテクニック」だけでどれくらいのことができるのかについて、第 3 章でご紹介したケーススタディで用いた「表」を作りながら、確認していきましょう。

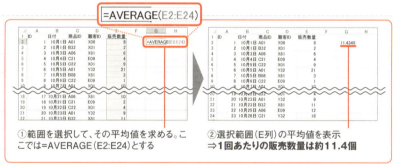

図 5-56：平均を求める（AVERAGE）

範囲指定は左上と右下セルを「：(コロン)」で区切って入力

=AVERAGE（XX:XX）

平均を求めたい対象範囲

=AVERAGE（E2:E24）

指定した範囲（今回は、E2〜E24の間）にある**数字が入力されているセルの平均値**を求める

図 5-57：AVERAGE の基本構文

【実践編】
ケーススタディの数字を作ってみよう!

　第3章で、架空の飲食店チェーン「XLSフード」のケーススタディを紹介しました（P.121参照）。ここでは本書の総仕上げとして、このケーススタディで使用した表を実際に作ってみましょう。**その際に使用するテクニックは、本章のここまでの解説で紹介した必要最低限の基本テクニックのみです**（図 5-58）。

　なお、ここで用いるデータおよび作成したシートの完成版は、Webよりダウンロードできます（P.7参照）。サンプルを基に、実際に手を動かして作業してみると、より理解が深まるはずです。また、ここで紹介するのはあくまでケーススタディに基づいた作業ですが、単なる作業手順のトレースに留まらず、「実際の数字作りの実務」をイメージし、日々の業務に役立ててください。

　数字作りの基本的な流れは第3章で紹介した通り、アウトプットイメージを作るところから始まります。アウトプットとなる集計表を定義して、それにむけて、必要な集計作業を行っていくわけです。その際、単に集計しただけでは比較に適さない場合がありますので、比較しやすい形に並び替えて「アウトプットとして完成する」ことが求められます（図 5-59）。

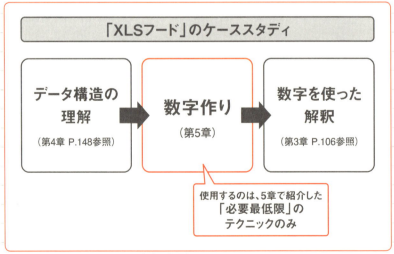

図 5-58：ケーススタディにおける本章の位置付け

数字作りの流れ

```
アウトプット         数字の          アウトプット
イメージの決定   →   集計作業   →   （集計表）作成
```

- どんなアウトプット（集計表）を作るのかを決める
- アウトプットに必要な数字を集計する（関数などを用いる）
- アウトプットとして、情報の並び替えなどを行う

図 5-59：数字作りの流れ

「STEP1 全店売上推移を作る」の実作業

　まずは、第3章のSTEP1で使用した、全店を合計した売上の月次推移表（P.122参照）を作るフローを見てみます（図 5-60）。

　この表を作るために、まずアウトプットイメージを固めます。今回の場合は、「全店の合計売上を月次で集計し、それを前月と比較する」というのが目標です。第4章（P.149）で確認したように、元データは月別にシートが分かれていますので、今回はシートごとに SUM で合計を求めればよいことになりますね。集計が完了したら、計算結果を値で貼り付けて、最終的なアウトプット、つまり集計表の形にまとめます。そのうえで、当月と前月の差分を引き算で求めることで、月ごとの変化量がわかるようにしましょう（図 5-61）。

　では、実際に「全店売上推移」をまとめるフローを、「月ごとの売上を集計する」（図 5-62）、「集計結果をコピーして、1つのシートにまとめる」（図 5-63）、「前月との差分を計算する」（図 5-64）の順番に紹介します。

	A	B	C	D	E
1		2015年4月	2015年5月	2015年6月	2015年7月
2	全店売上	35,114,000	35,103,000	32,800,900	32,232,800
3	前月差		-11,000	-2,302,100	-568,100
4					

図 5-60：第3章（P.122）に登場した XLS フードの全店売上（完成イメージ）

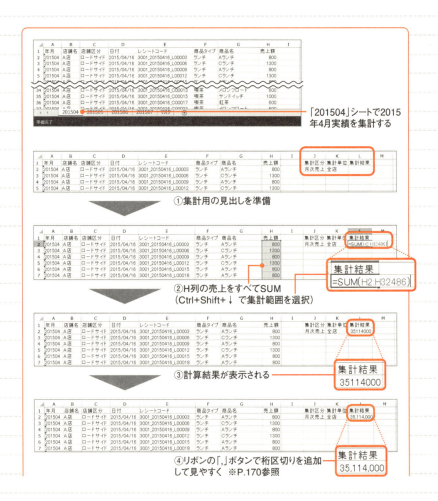

図 5-61：STEP1 全店売上推移をまとめる流れ

第 2 部 数字を操る EXCEL 実務編

第 5 章 数字を自在に操る EXCEL 操作術

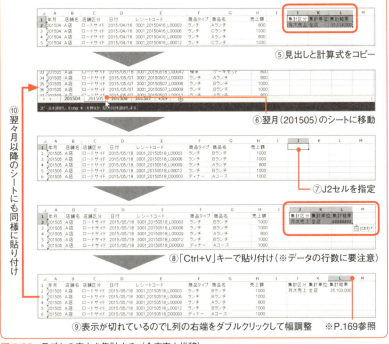

図 5-62：月ごとの売上を集計する（全店売上推移）

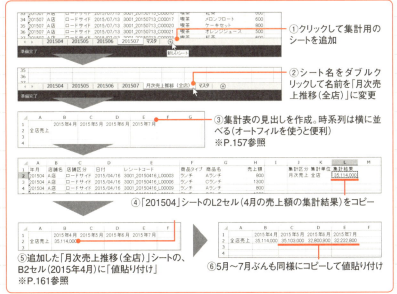

図 5-63：集計結果をコピーして、1つのシートにまとめる（全店売上推移）

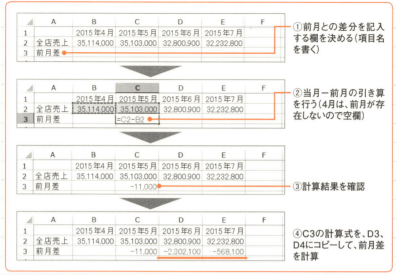

図 5-64：前月との差分を計算する（全店売上推移）

「STEP3 仮説検証（仮説 X、Y、Z の検証）」の実作業

検証 X　どのタイプの店の売上が落ちているのか

　続いては、ケーススタディのSTEP3において、仮説の検証を行う際に使用した3つの表を作成していきます。まずは仮説 X「梅雨時だったのでビジネス街のランチ需要が下がったのではないか」を検証するために用いた表（P.123参照）を作成しましょう（図 5-65）。

　ここで確認すべきことは「繁華街、ビジネス街、ロードサイドの、どのタイプの店の売上が落ちているのか」でしたので、「店舗のタイプ別」に売上を集計していく必要があります。先ほどの全店売上と同様に、月別に売上を集計していきますが、ここでは「店舗のタイプで絞り込んで足す」ために、SUMIFを用います。その際、絶対参照をうまく使って、計算式を再利用しましょう。その結果を、アウトプットである集計表に値貼り付けをしたうえで、前月差を計算します（図 5-66）。

　実際に表をまとめるフローを、「月ごとの売上を集計する」（図 5-67）、「集計結果をコピーして、1つのシートにまとめる」（図 5-68）、「前月との差分を計算する」（図 5-69）の順番に紹介しましょう。

	A	B	C	D	E	F
1	集計区分	店舗タイプ	2015年4月	2015年5月	2015年6月	2015年7月
2	月次売上	ロードサイド	10,534,600	10,617,700	8,293,500	7,732,500
3		繁華街	13,076,800	13,033,300	13,011,900	13,003,200
4		ビジネス街	11,502,600	11,452,000	11,495,500	11,497,100
5	前月差	ロードサイド		83,100	-2,324,200	-561,000
6		繁華街		-43,500	-21,400	-8,700
7		ビジネス街		-50,600	43,500	1,600
8						

図5-65：第3章（P.123）に登場した検証Xの表（完成イメージ）

STEP 3-1 検証X：店舗タイプ別売上推移

アウトプットイメージの決定
- **店舗タイプ**ごとの売上を月別に見たい
- 差分を明らかにするために前月差も必要

数字の集計作業
- 月ごとの売上を、店舗タイプ別にSUMIFで集計（図5-67）
- 計算式をコピーして再利用（絶対参照で検索範囲、集計範囲を固定、図5-68）

アウトプット（集計表）作成
- 集計表に「値貼り付け」でコピー（図5-68）
- 前月差を「引き算」で計算（図5-69）

図5-66：検証X「店舗タイプ別売上推移」の表を作る流れ

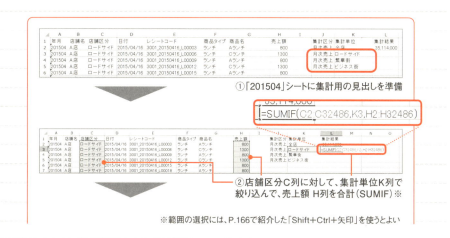

① 「201504」シートに集計用の見出しを準備

`=SUMIF(C2:C32486,K3,H2:H32486)`

② 店舗区分C列に対して、集計単位K列で絞り込んで、売上額H列を合計（SUMIF）※

※範囲の選択には、P.166で紹介した「Shift+Ctrl+矢印」を使うとよい

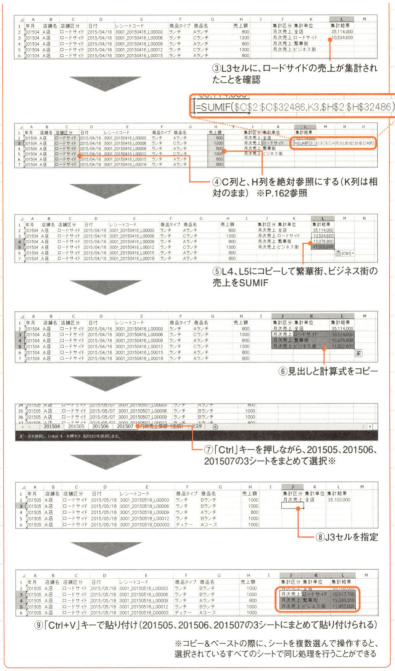

図 5-67：検証 X 月ごとの売上を集計する

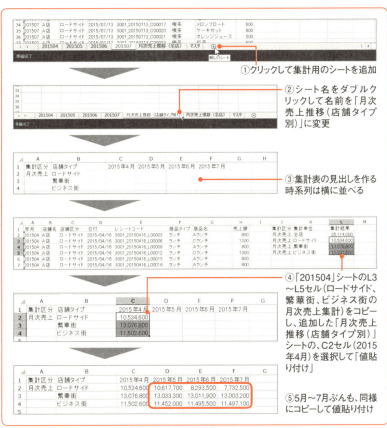

図5-68：検証X 集計結果をコピーして、1つのシートにまとめる

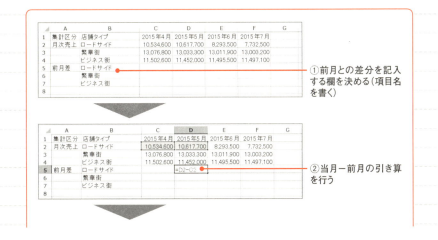

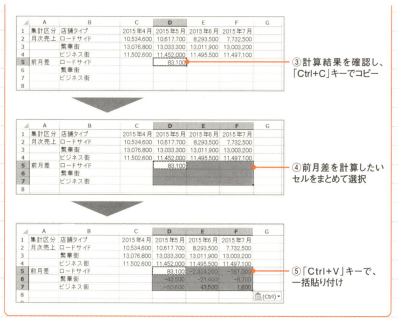

図5-69：検証X 前月との差分を計算する

検証Y どの利用シーンの売上が落ちているのか

続いて、仮説Y「駅前再開発で、チェーン居酒屋が複数店新規オープンしたために、繁華街の飲み会需要を奪われてしまったのではないか」の検証（P.124参照）に用いた表を作成します（図5-70）。

検証のポイントは「ランチ、飲み会（ディナータイム）、などの利用シーンにおいて、どこの売上が落ちているのか」でした。先ほどは店舗のタイプで絞り込んで集計したのですが、今回は「ランチ」「ディナー」「喫茶」という商品のタイプで絞り込んで集計していきます（図5-71）。この絞り込みの条件の違いを除けば、検証Xと全く同じ手順で作業していくことになります。また、先ほど作ったSUMIF文も、大半は再利用が可能です。

実際に表をまとめるフローを、「月ごとの売上を集計する」（図5-72）、「集計結果をコピーして、1つのシートにまとめる」（図5-73）、「前月との差分を計算する」（図5-74）の順番に紹介しましょう。

第2部 数字を操るEXCEL実務編

第5章 数字を自在に操るEXCEL操作術

	A	B	C	D	E	F
1	集計区分	商品タイプ	2015年4月	2015年5月	2015年6月	2015年7月
2	月次売上	ランチ	7,223,800	7,173,600	7,233,200	7,228,800
3		ディナー	15,857,500	15,868,500	15,856,000	15,957,500
4		喫茶	12,032,700	12,060,900	9,711,700	9,046,500
5	前月差	ランチ		-50,200	59,600	-4,400
6		ディナー		11,000	-12,500	101,500
7		喫茶		28,200	-2,349,200	-665,200
8						

図 5-70：第3章（P.124）に登場した検証 Y の表（完成イメージ）

STEP 3-2 検証Y：商品タイプ別売上推移

アウトプットイメージの決定 → 数字の集計作業 → アウトプット（集計表）作成

- **商品タイプ**ごとの売上を月別に見たい
- 差分を明らかにするために前月差も必要

- 月ごとの売上を商品タイプ別に**SUMIF**で集計（図5-72）
- **計算式をコピー**して再利用（**絶対参照**で検索範囲、合計範囲を固定（図5-73）

- 集計表に「**値貼り付け**」でコピー（図5-73）
- 前月差を「**引き算**」で計算（図5-74）

図 5-71：検証 Y「商品タイプ別売上推移」検証用の表を作る流れ

① 集計欄の項目を準備

② 店舗タイプ別集計のSUMIF文をコピー

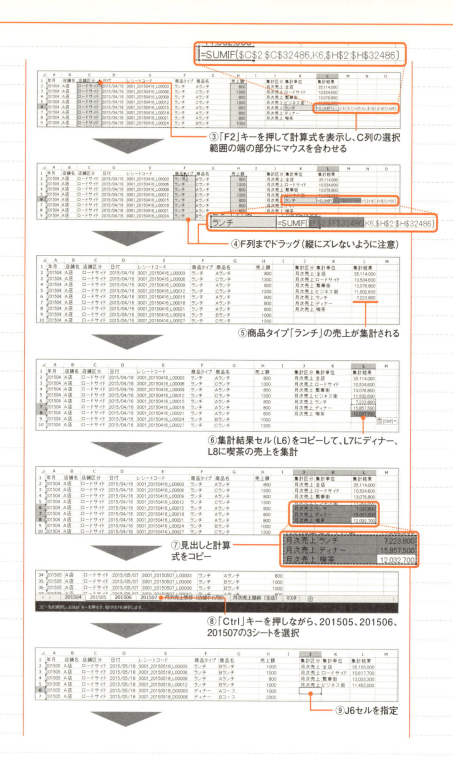

⑩「Ctrl+V」キーで貼り付け(3シートにまとめて貼り付けられる)

図 5-72：検証 Y　月ごとの売上を集計する

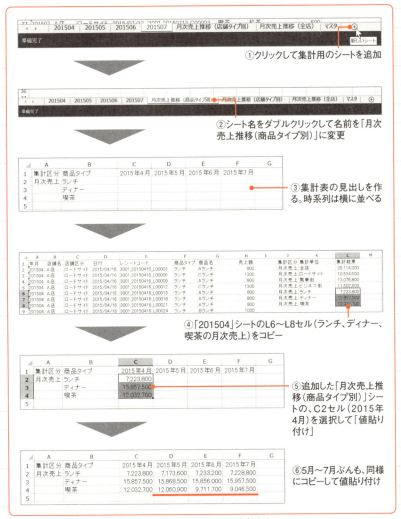

①クリックして集計用のシートを追加

②シート名をダブルクリックして名前を「月次売上推移(商品タイプ別)」に変更

③集計表の見出しを作る。時系列は横に並べる

④「201504」シートのL6〜L8セル(ランチ、ディナー、喫茶の月次売上)をコピー

⑤追加した「月次売上推移(商品タイプ別)」シートの、C2セル(2015年4月)を選択して「値貼り付け」

⑥5月〜7月ぶんも、同様にコピーして値貼り付け

図 5-73：検証 Y　集計結果をコピーして、1つのシートにまとめる

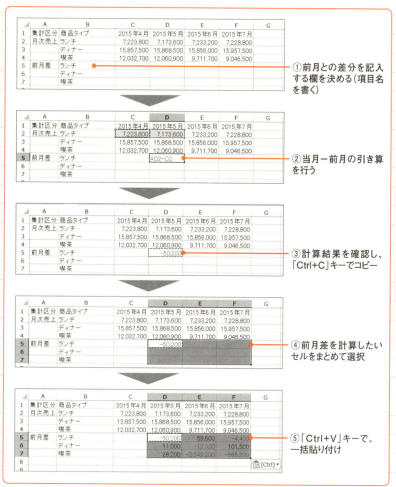

図 5-74：検証 Y 前月との差分を計算する

検証 Z 客数・客単価のどちらが落ちているのか

最後に、仮説 Z「メニュー変更などによって、客単価が大幅に下がった」の検証（P.124 参照）に用いた表です（図 5-75）。

検証のポイントは「客単価が下がっているのか、客数が減っているのか」です。（売上＝客数×客単価なので、売上が下がっているということは、どちらかもしくは両方が下がっているはずです）。今回のデータでは、客数は売上明細の件数で代替しますので、COUNT 関数で算出します。また、単価は AVERAGE 関数で算出します（図 5-76）。

実際に表をまとめるフローを、「月ごとの客数・客単価を集計する」（図5-77）、「集計結果をコピーして、1つのシートにまとめる」（図5-78）、「前月との差分を計算する」（図5-79）の順番に紹介します。

	A	B	C	D	E	F
1			2015年4月	2015年5月	2015年6月	2015年7月
2	全店	来店客数(人)	32,485	32,454	29,117	28,132
3		客単価(円)	1,081	1,082	1,127	1,146
4	前月比	来店客数(人)		-31	-3,337	-985
5		客単価(円)		1	45	19
6						

図5-75：第3章（P.124）に登場した検証Zの表（完成イメージ）

STEP 3-3 検証Z:客数・客単価推移

アウトプットイメージの決定
・客数と、客単価の月別推移を追いたい
・差分を明らかにするために前月差も必要

数字の集計作業
・売上明細の件数をCOUNTして、客数を算出（図5-76）
・売上明細の金額をAVERAGEを使って客単価を算出（図5-76）

アウトプット（集計表）作成
・集計表に「値貼り付け」でコピー（図5-77）
・前月差を「引き算」で計算（図5-78）

図5-76：検証Z 「客数・客単価推移」検証用の表を作る流れ

①見出しを準備

②COUNT関数でH列をカウントし、客数を算出（H列を絶対参照に）

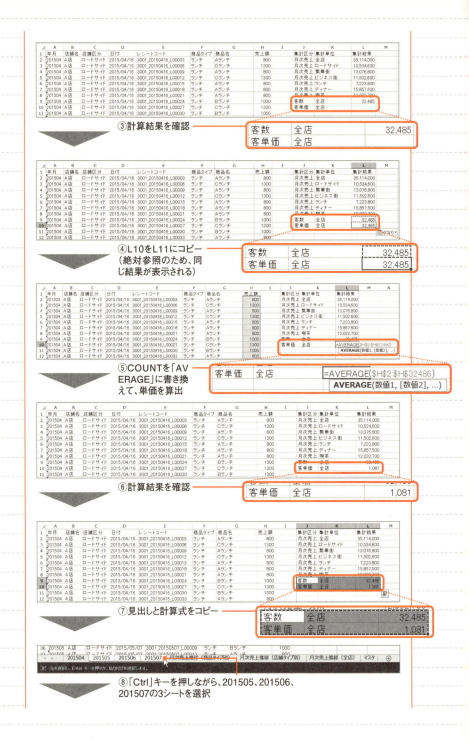

図5-77: 検証Z 月ごとの客数・客単価を集計する

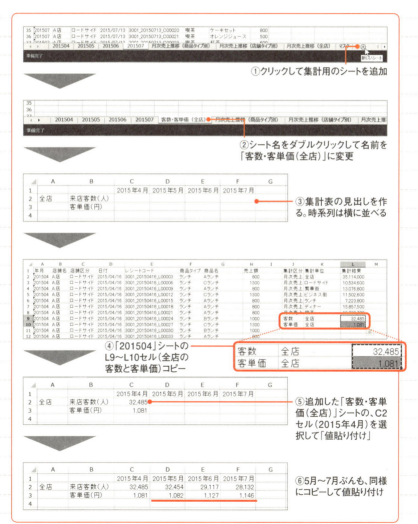

図5-78: 検証Z 集計結果をコピーして、1つのシートにまとめる

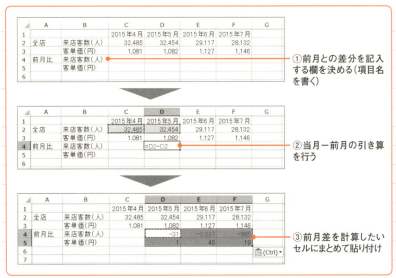

図 5-79： 検証Z 前月との差分を計算する

「STEP4 さらに深く数字で考える（再検証）」の実作業

続いて、STEP4の深掘り分析において用いた表（深掘りα、β、γの3つの表）を作成していきましょう。3章のケーススタディでは、前述の仮説検証X・Y・Zを受けて新たに「ロードサイドの喫茶需要について、客数が減っているのではないか」という仮説を構築しました。この仮説を検証するために、「店のタイプ」と「利用シーン」の2つの軸で「売上」と「客数」を集計しましたね（P.125参照）。

●深掘りα 店舗タイプ別来店客数と客単価の推移

まずは、店舗タイプにおいて来店客数と客単価がどのように変化したのかを分析します（図5-80）。

この表では、検証Zで求めた客数・客単価を店舗タイプ別に集計することになります。そこで、店舗タイプ別の客数をCOUNTIFで求め、続いて検証Xの際に求めた店舗タイプ別の売上をこの客数で割ることにより、店舗タイプ別の平均単価を算出します（図5-81）。では、表作成のフローを「月ごとの客数・客単価を集計する」（図5-82）、「集計結果をコピーして1つのシートにまとめる」（図5-83）、「前月との差分を計算する」（図5-84）に分けて見てみましょう。

第2部 数字を操るEXCEL実務編

第5章 数字を自在に操るEXCEL操作術

	A	B	C	D	E	F
1	(実績)		2015年4月	2015年5月	2015年6月	2015年7月
2	来店客数	ロードサイド	12,088	12,094	8,770	7,903
3		繁華街	8,736	8,680	8,670	8,634
4		ビジネス街	11,661	11,680	11,677	11,595
5	客単価	ロードサイド	871	878	946	978
6		繁華街	1,497	1,502	1,501	1,506
7		ビジネス街	986	980	984	992
8						
9	(前月差)		2015年4月	2015年5月	2015年6月	2015年7月
10	来店客数	ロードサイド		6	-3,324	-867
11		繁華街		-56	-10	-36
12		ビジネス街		19	-3	-82
13	客単価	ロードサイド		6	68	33
14		繁華街		5	-1	5
15		ビジネス街		-6	4	7
16						

図5-80:第3章（P.125）に登場した深掘りαの表（完成イメージ）

STEP 4-1 深掘りα:店舗タイプ別客数・客単価

アウトプットイメージの決定
・客数と客単価を、店舗タイプ別に月別推移を把握したい
・差分を明らかにするために前月差も必要

数字の集計作業
・売上明細の件数を店舗タイプ別にCOUNTIFして、客数を算出（図5-82）
・店舗タイプ別の売上合計を、客数で**割り算**して、客単価を算出（図5-82）
・**絶対参照**で計算式を再利用（図5-82）

アウトプット（集計表）作成
・集計表に「**値貼り付け**」でコピー（図5-83）
・前月差を「**引き算**」で計算（図5-84）

図5-81: 深掘りα 「店舗タイプ別客数・客単価」検証用の表を作る流れ

①見出しを準備

209

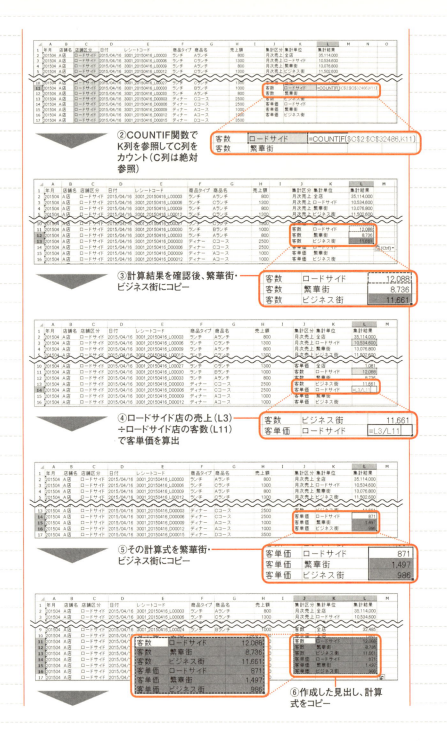

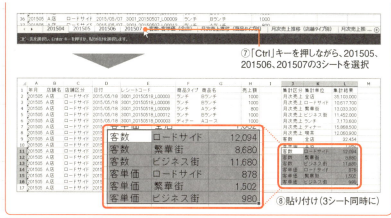

図5-82：深堀りα 月ごとの客数・客単価を集計する

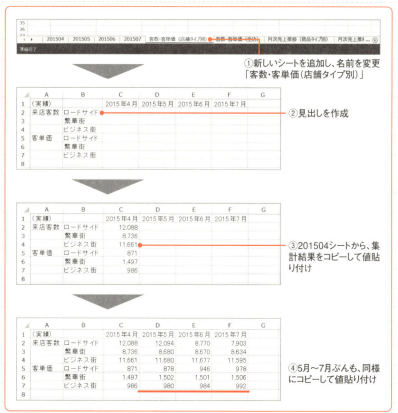

図5-83：深堀りα 集計結果をコピーして、1つのシートにまとめる

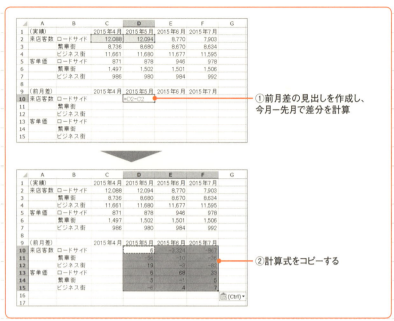

図5-84：深掘り α 前月との差分を計算する

● 深掘り β 店舗タイプ×商品タイプ別 売上の推移

続いて店舗のタイプごとの、商品タイプ別売上推移を集計していきます（図5-85）。

「店舗タイプ」と「商品タイプ」の2つの条件で絞り込みを行うため、SUMIFS関数を使います（図5-86）。また、その際に、外出しで指定する欄を増やしておきましょう。貼り付けの際にも使ったテクニックですが、シートを複数選んで操作すると、選択されているすべてのシートで同じ処理が行われます。列の追加と項目名の設定を、その状態で行うと効率的です。

では、表作成のフローを「月ごとの売上を集計する」（図5-87）、「集計結果をコピーして、1つのシートにまとめる」（図5-88）、「前月との差分を計算する」（図5-89）に分けて見ていきましょう。

第2部　数字を操るEXCEL実務編

第5章　数字を自在に操るEXCEL操作術

	A	B	C	D	E	F
1	(実績)		2015年4月	2015年5月	2015年6月	2015年7月
2	ロードサイド	ランチ	1,903,200	1,911,300	1,924,300	1,908,500
3	ロードサイド	ディナー	2,368,000	2,402,000	2,409,000	2,454,500
4	ロードサイド	喫茶	6,263,400	6,304,400	3,960,200	3,369,500
5	繁華街	ランチ	1,433,800	1,385,900	1,422,000	1,445,900
6	繁華街	ディナー	9,458,000	9,490,500	9,430,500	9,425,000
7	繁華街	喫茶	2,185,000	2,156,900	2,159,400	2,132,300
8	ビジネス街	ランチ	3,886,800	3,876,400	3,886,900	3,874,400
9	ビジネス街	ディナー	4,031,500	3,976,000	4,016,500	4,078,000
10	ビジネス街	喫茶	3,584,300	3,599,600	3,592,100	3,544,700
11						
12	(前月差)		2015年4月	2015年5月	2015年6月	2015年7月
13	ロードサイド	ランチ		8,100	13,000	-15,800
14	ロードサイド	ディナー		34,000	7,000	45,500
15	ロードサイド	喫茶		41,000	-2,344,200	-590,700
16	繁華街	ランチ		-47,900	36,100	23,900
17	繁華街	ディナー		32,500	-60,000	-5,500
18	繁華街	喫茶		-28,100	2,500	-27,100
19	ビジネス街	ランチ		-10,400	10,500	-12,500
20	ビジネス街	ディナー		-55,500	40,500	61,500
21	ビジネス街	喫茶		15,300	-7,500	-47,400

図 5-85：第3章（P.126）に登場した深掘りβの表（完成イメージ）

STEP 4-2　深掘りβ：店舗×商品タイプ別売上

アウトプットイメージの決定 → 数字の集計作業 → アウトプット（集計表）作成

- 店舗タイプ×商品タイプ別に売上の月別推移を把握したい
- 差分を明らかにするために前月差も必要

- 売上を店舗タイプと商品タイプ別にSUMIFSで集計（図5-87）
- **絶対参照**で計算式を再利用（図5-87）

- 集計表に「**値貼り付け**」でコピー（図5-88）
- 前月差を「**引き算**」で計算（図5-89）

図 5-86：深掘りβ　「店舗×商品タイプ別売上」検証用の表を作る流れ

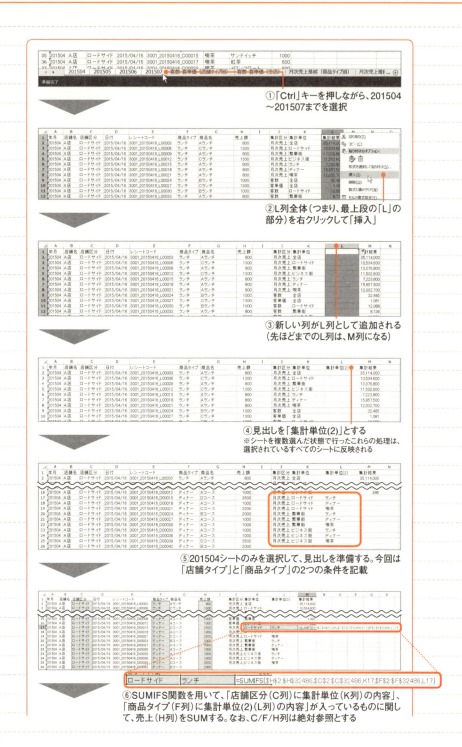

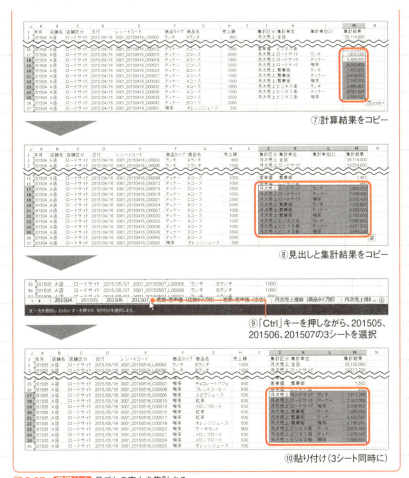

図5-87：深堀りβ 月ごとの売上を集計する

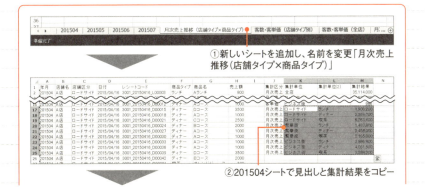

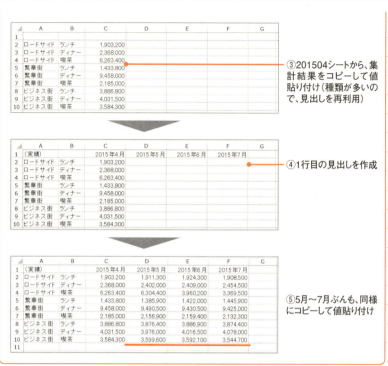

図 5-88：深堀りβ 集計結果をコピーして、1つのシートにまとめる

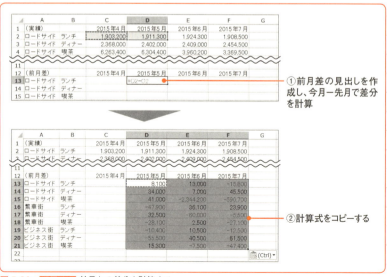

図 5-89：深堀りβ 前月との差分を計算する

●深掘りγ A店とE店の比較

　最後に、落ち込みが激しいロードサイドに関して、2店舗（A店とE店）についての集計作業を行います（図5-90）。
　ここでは、SUMIF、COUNTIFおよび、その結果の割り算を行うことで、売上、客数、客単価を求めます。SUMIFやCOUNTIFは、分析X・Y・Zですでに計算式を作っていますので、そちらを再利用して効率的に作業を進めましょう（図5-91）。
　また、ここまで何度も繰り返してきた「値貼り付け」については、「Alt→E→S→V→Enter」という便利なショートカットがありますので、この機会に紹介しておきます。では、表作成のフローを「月ごとの売上・客数・客単価を集計する」（図5-92）、「集計結果をコピーして、1つのシートにまとめる」（図5-93）、「前月との差分を計算する」（図5-94）に分けて見てみましょう。

	A	B	C	D	E	F
1	(実績)		2015年4月	2015年5月	2015年6月	2015年7月
2	売上	A店	5,333,600	5,300,800	4,565,500	4,316,500
3		E店	5,201,000	5,316,900	3,728,000	3,416,000
4	客数	A店	6,070	6,026	4,959	4,577
5		E店	6,018	6,068	3,811	3,326
6	客単価	A店	879	880	921	943
7		E店	864	876	978	1,027
8						
9	(前月差)		2015年4月	2015年5月	2015年6月	2015年7月
10	売上	A店		-32,800	-735,300	-249,000
11		E店		115,900	-1,588,900	-312,000
12	客数	A店		-44	-1,067	-382
13		E店		50	-2,257	-485
14	客単価	A店		1	41	22
15		E店		12	102	49
16						

図5-90：第3章（P.127）に登場した深掘りγの表（完成イメージ）

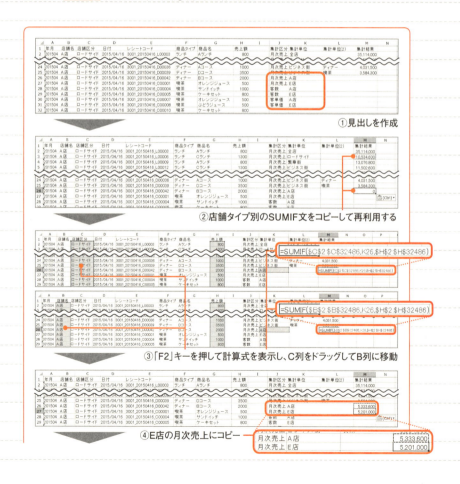

図 5-91：**深掘りγ**「A店とE店の比較」用の表を作る流れ

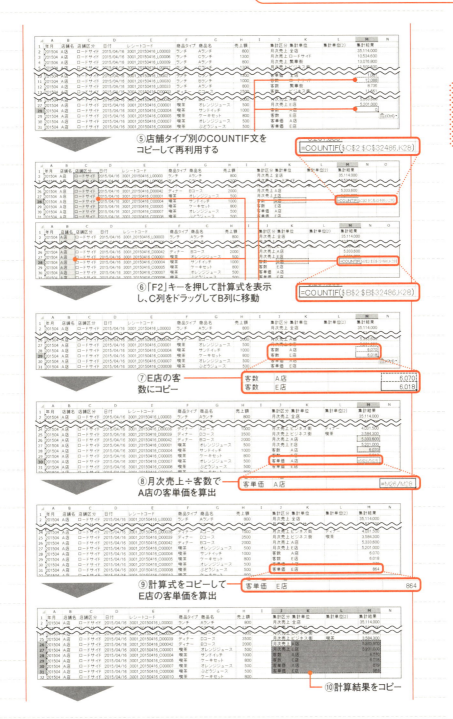

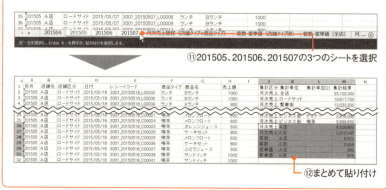

図 5-92：深堀り γ 月ごとの売上・客数・客単価を集計する

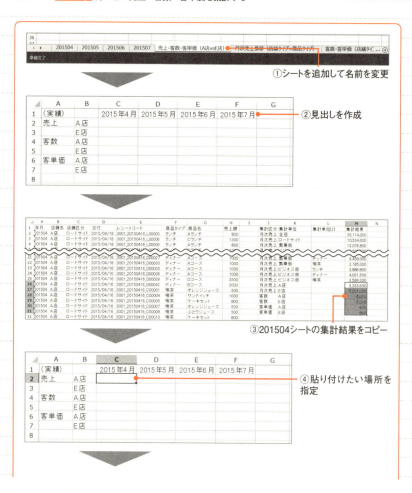

第2部 数字を操るEXCEL実務編

第5章 数字を自在に操るEXCEL操作術

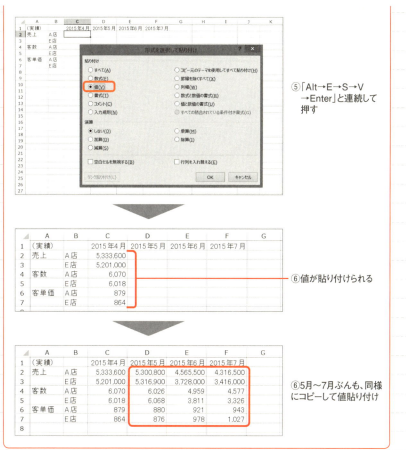

⑤「Alt→E→S→V→Enter」と連続して押す

⑥値が貼り付けられる

⑥5月～7月ぶんも、同様にコピーして値貼り付け

図5-93: 深堀りγ 集計結果をコピーして、1つのシートにまとめる

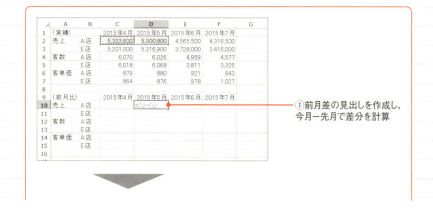

①前月差の見出しを作成し、今月－先月で差分を計算

221

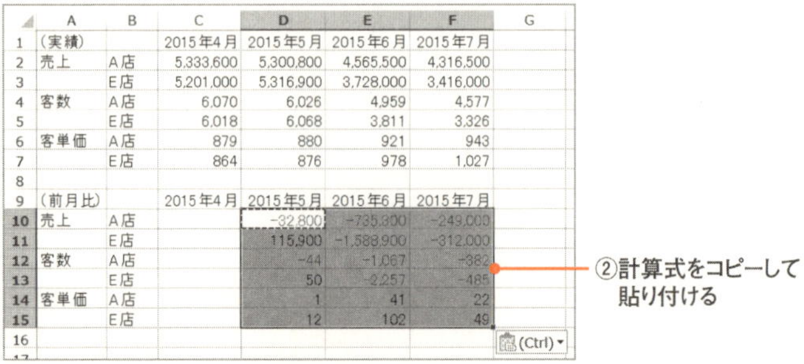

	A	B	C	D	E	F	G
1	（実績）		2015年4月	2015年5月	2015年6月	2015年7月	
2	売上	A店	5,333,600	5,300,800	4,565,500	4,316,500	
3		E店	5,201,000	5,316,900	3,728,000	3,416,000	
4	客数	A店	6,070	6,026	4,959	4,577	
5		E店	6,018	6,068	3,811	3,326	
6	客単価	A店	879	880	921	943	
7		E店	864	876	978	1,027	
8							
9	（前月比）		2015年4月	2015年5月	2015年6月	2015年7月	
10	売上	A店		-32,800	-735,300	-249,000	
11		E店		115,900	-1,588,900	-312,000	
12	客数	A店		-44	-1,067	-382	
13		E店		50	-2,257	-485	
14	客単価	A店		1	41	22	
15		E店		12	102	49	
16							

図 5-94：深堀りγ 前月との差分を計算する

初歩的なテクニックで、十分事足りる

ここまで、本章の前半で解説した初歩的なEXCELテクニックだけで「数字作り」を行う手順を紹介しました。実務上「最低限」の数字作りを行うには、初歩的なテクニックだけでも十分であることが理解できたのではないでしょうか。

もちろん、もっと効率のよいやり方はたくさんあります。例えばP.140で少し触れた「ピボットテーブル」という機能を使えば、今回作成した表のための集計作業は文字通り「一瞬」で終わります。そういう意味で、本書で紹介したテクニックは基礎の基礎に過ぎません。英会話に例えると、海外で買い物をする際に、何とか買いたいものを注文できる程度でしょうね。しかし、大切なことは「買いたいものを注文できること」です（「最低限」とはそういうものです）。

みなさんは、すでにEXCELを用いて数字を作るための最低限のテクニックは身に付けています。もし「もっと便利な操作方法を知りたい」と思ったら、世の中にあふれるEXCEL本をあれこれ読んでみて、様々な機能を学ぶとよいでしょう。

ただ、何度もいっている通り、本当に大切なことは「EXCELのスキルを磨くこと」ではなく、「数字を操れるようになること」です。**数字を作る際も、「何のために数字を作っているのか」という意識を持ってください。**

みなさんが、1日も早く「数字が苦手」という意識を払しょくし、数字を自在に操れるビジネスマンになれることを祈りつつ、本書の解説を終えたいと思います。

INDEX

ショートカットキー	
Alt→E→S→V→Enter	217
Ctrl+A	167
Ctrl+C	160
Ctrl+V	160
Ctrl+矢印	165
Delete	167
F2	167
Shift+Ctrl+矢印	166,176
Shift+矢印	165

関数	
AVERAGE	175,190
COUNT	175,184
COUNTA	184
COUNTIF	175,185
COUNTIFS	175,188
SUM	156,174,175
SUMIF	174,178
SUMIFS	175,181
VLOOKUP	140

あ行	
アウトカム	112
アウトプット	111
値貼り付け	161,217
新たな疑問	56,95
意思決定	114
インプット	111
ウィンドウ枠の固定	172
円グラフ	78
折れ線グラフ	77,78,81

か行	
解釈能力	129
仮説検証	56,92,123,196
仮説構築	56,88,122
仮説思考	20
勘・経験・嗅覚	40
基準	58
気付き	56,66,89,121
気付き(2周目)	56
疑問の深堀り	56,95,125,208
業務プロセス	27
桁ぞろえ	170
結果	111
構造化	18,24
答えるべき問い	14
コンマ区切り	170

さ行	
作業能力	129
散布図	78
四則演算	154
自動入力	157
成果	106,111
成功体験	42
絶対参照	162
絶対値	71
相対参照	160
相対値	71

た行	
正しい疑問	39
データベース	136,142
トランザクション	148,149

な行・は行	
生データ	102
パーセント表示	170
日付	157
ピボットテーブル	140
表	98
表計算	134
分解	18,30
棒グラフ	77,78,81

ま行・ら行	
マスタ	148,151
面積グラフ	79
曜日	158
リボンメニュー	140
連番	157

著者プロフィール

田中 耕比古（たなか・たがひこ）

株式会社ギックス取締役CMSO。2000年、関西学院大学総合政策学部卒業。商社系SI企業にてRFIDのCRM活用検討など、最新テクノロジーのビジネス活用に従事。2004年、アクセンチュア株式会社戦略グループに転職し、通信業、製造業、流通・小売業などの多様な業界の事業戦略立案からSCM改革、業務改革に至るまで、幅広い領域での戦略コンサルティングプロジェクトに参画。その後、日本IBM株式会社においてビッグデータのビジネス活用を推進。2012年、株式会社ギックスを設立し、「数字遊び」に終わらないデータ分析、ビジネス上の意思決定に使えるデータ分析を提供することで、クライアント企業の経営改革を支援している。

株式会社ギックス http://www.gixo.jp/

装丁・本文デザイン	FANTAGRAPH（ファンタグラフ）
DTP	佐々木 大介
	吉野 敦史（株式会社 アイズファクトリー）

数字力 × EXCELで最強のビジネスマンになる本
（カケル エクセル）

2016年1月21日 初版第1刷発行
2016年4月5日 初版第2刷発行

著 者 田中 耕比古
発行人 佐々木 幹夫
発行所 株式会社 翔泳社（http://www.shoeisha.co.jp）
印刷・製本 日経印刷株式会社

©2016 Tagahiko Tanaka

本書は著作権法上の保護を受けています。本書の一部または全部について（ソフトウェアおよびプログラムを含む）、株式会社 翔泳社から文書による許諾を得ずに、いかなる方法においても無断で複写、複製することは禁じられています。
本書へのお問い合わせについては、8ページに記載の内容をお読みください。
落丁・乱丁はお取り替えいたします。03-5362-3705までご連絡ください。

ISBN978-4-7981-4411-5　　　　　　　　　　　　　Printed in Japan